新服务时代

新服务，新基建，未来社会的服务法则

李乐飞◎著

中信出版集团 | 北京

图书在版编目（CIP）数据

新服务时代：新服务，新基建，未来社会的服务法则 / 李乐飞著．-- 北京：中信出版社，2020.10（2020.12重印）
ISBN 978-7-5217-2023-5

Ⅰ．①新… Ⅱ．①李… Ⅲ．①服务业—产业发展—研究—中国 Ⅳ．① F719

中国版本图书馆 CIP 数据核字（2020）第 124667 号

新服务时代：新服务，新基建，未来社会的服务法则

著　　者：李乐飞
出版发行：中信出版集团股份有限公司
（北京市朝阳区惠新东街甲 4 号富盛大厦 2 座　邮编　100029）
承 印 者：三河市中晟雅豪印务有限公司

开　　本：880mm × 1230mm　1/32　　印　　张：9　　字　　数：163 千字
版　　次：2020 年 10 月第 1 版　　印　　次：2020 年 12 月第 5 次印刷
书　　号：ISBN 978-7-5217-2023-5
定　　价：59.00 元

目　录

推荐序一　郑力　V
推荐序二　服务，新时代的希望　官景辉　IX
推荐序三　数字时代的美好服务　吴声　XIII
前言　XVII

总论　001

第 1 章　无处不在的服务

第 2 章　无比复杂的服务

应对服务之复杂　011
连续体思维　014
把握历史与趋势　018

服务创新的 4 种视角 021

第 3 章 网络视角
低成本网络 023
跨组织网络 029
高效运营网络 032
线上还是线下？ 055

第 4 章 资源视角
让信息成为资产 065
信息传递的秘诀 077
将优势转化为市场 080
资源共享不是伪命题 083

第 5 章 需要视角
从需要到需求 089
从满意到惊喜 094
请“上帝”参与设计 102

第 6 章 文化视角
照照“满意镜” 125

互动行为与服务创新 129
卓越的组织文化 134

服务设计与创新的原理与方法 149

第 7 章 服务设计与创新原理
原体验 152
再设计 162
多样化 171

第 8 章 服务创新经典工具
差异化竞争战略 177
服务接触：经济性、有效性与沟通技巧 194

第 9 章 SERVINO 方法
SERVINO 体系与解题流程 202
鼓励服务体验，观察是原点 207
“认识你自己”，拆解服务系统本身 211
问题分析，搭建需求与供给的桥梁 217
如何“发明”服务 222

第 10 章　平行服务
平行服务，一种孪生视角　228
服务搭载人工智能　231
服务管理的“平行”时代　233

服务创新与未来生活　241

第 11 章　服务创新与未来生活
好奇心　244
乐趣　245
喜爱相连　248
无须选择　248
一举多得　251
小窍门　254
温情场景　255
全新互动　256
口碑经济　257
“新服务”拉动“新基建”　261

后　记　265

推荐序一

李乐飞老师是我多年的同事，他请我为他的新作《新服务时代》写推荐序，我很高兴同事又有新作，欣然同意。这本书我读得很愉快，书中有大量鲜活的例子，不会让人觉得晦涩，同时这本书又用核心概念和理论将众多例子串联起来，帮助读者理解例子后面的规律，让理论活了起来。李乐飞老师向来思想活跃，喜欢探索不同的研究领域，现在他把多年在不同领域观察到的实践和学习到的理论方法融汇到一起，使这本书既有极佳的可读性又有学术性。

一万多年前，人类进入农耕文明，形成第一产业，这是人类文明的一大步；18 世纪 60 年代开始的工业革命，极大解放了生产力，形成以制造业为代表的工业化社会，工业文明站上历史潮头；进入 21 世纪，服务业的发展方兴未艾，发达国家服务业的 GDP（国内生产总值）占比大都超过 70%，中国 2018 年服务业的 GDP 占比达到 52%，超过半壁江山。服务业如此重要，大众却对服务缺少系统的认识。“服务应该作为一个独立的领域”这个想法是国际商业机器公司（IBM）在2004年首先提出的，之后这个领域被称为服务科学、管理、工程和设计，简称服务科学。在过去十多年中，不同学科的学者尝试探索服务的规律，形成服务的科学基础。信息技术的发展，一方面为服务业发展提供了前所未有的机遇，一大批崭新的服务在实践中涌现，另一方面，服务系统日益复杂，服务作为一个领域，它的科学基础远未形成。

对于一般的读者，都一定会与服务相关，或者接受服务，或者提供服务。书中描述了大量的服务场景，非常具有启发性，服务的创新层出不穷。书中讲述了服务创新的4个视角：网络视角、资源视角、需要视角和文化视角，对不同的服务创新进行了很好的归类，我理解这4个视角可以分为供给侧角度的创新（如何有效地组织、提供更高效率和质量的服务）和需求侧角度的创新（即提供新类型的服务）。如果跟实体产品做类比的话，前者相当于对生产过程的创新，后者相当于产品本身的创新。当然，在服务业，前端和后端通常耦合在一起，不像制造业是分离的。

对于专业读者（工业工程学科或者与服务相关的学科），不论你是学校相关专业的老师或同学，还是从业人员，这本书都可以作为进入服务领域的科普启蒙读物。我想你会跟我一样初读觉得很好读懂，案例丰富，文风也相当生动活泼，但细读你会觉得读通并不容易，你需要理解来自设计科学、工业工程、系统工程、TRIZ（发明问题解决理论）等不同学科的理论方法。

作为一个工业工程的学者，我还从这本书中感受到作者对于工业工程学科的探索。100 年前，当工业工程学科在美国诞生的时候，那时工业革命方兴未艾，工业工程就如它的名字，是一门专门研究工业化的学问，在过去 100 年为世界制造业的发展提供了理论基础，不论是福特的流水线生产，还是日本丰田的精益生产，其理论基础都来自工业工程。随着发达国家制造业在 GDP 中占比的下降，美国的工业工程学科首先面临学科转型的困境，服务，特别是医疗服务正成为美国工业工程专业新的研究方向。在中国尽管制造业仍然兴旺，但服务业快速发展，对工业工程学科而言，需要提前进行学科布局，思考如何进行学科建设，如何将工业工程的理论和方法运用到服务业中，培养新一代的工业工程师。这本书在这个方面也提供了很好的启示。

清华大学副校长、工业工程系教授

郑力

2020 年 7 月

推荐序二　服务，新时代的希望

盛夏的一天，朋友送来《新服务时代》的书稿。接过书稿，首先映入眼帘的是“服务”两字。服务，不就是我们一切工作的唯一出发点和根本归宿吗?

“所有经济都是服务经济”，乐飞老师的《新服务时代》一书，开篇就带给我们对于服务的边界全新的认知，“一切以顾客为中心”，道出了服务的本质属性。独到的“网络”“资源”“需要”“文化”4 个视角，伴以数以百计的丰富案例，让服务创新的“风起云涌”变得“目无全牛”；从“新服务”视角解读“新基建”，到定义“未来生活”，强烈的时代特征让人产生“摩拳擦掌”的力量。

乐飞老师是研究系统工程的学者，系统性在这本书中体现得淋漓尽致。当他以复杂性为起点剖析服务系统的时候，当他从 4 种视角来解释服务创新的时候，当他构建服务创新方法体系的时候，系统思维中对于全局的把握、对于全生命周期的理解，都让服务创新的原理和逻辑清晰可见。而书中跨越工程技术、管理学、心理学、设计学等学科的跨学科视角，更是在“横看成岭侧成峰”

的美景之上，保持了“既见树木亦见森林”的全局视角。

近年来，我在参与文化与乡村振兴活动的过程中发现我们的传统文化必须与新时代特征结合起来，“互联网 +”、大数据，这些技术的融入应该产生创新性的商业模式。

在乐飞老师的书里，他用国内外丰富的案例阐释了在服务业开展技术与模式融合创新的力量，我也看到了通过“原体验”和“再设计”进行文化服务创新的路径。我相信，当我们能够充分挖掘我们的文化特征并且认真开展服务设计时，我们就能够将传统文化的实力更好地转化为国家复兴之路的强劲动力。

乐飞老师在实践中开创的方法和工具，让服务创新变成了一种系统性的设计工作，体现了科学和艺术的结合，同时让创新本身充满乐趣。在谈及设计思维的时候，他把源自西方的思维方式与东方的传统经典进行比对，用“共情地图”来“以己度人”，让对于服务创新方法的研讨也充满乐趣。此外，这本书从方法层面进行了中西融合，更让我们对它指导实践的实用性和适用性拥有了信心。

这本书对于社会趋势的深度观察和理解，是超越服务看服务的，当我们把表象的、当下的服务经济的状态放到历史的维度中，摆到复兴之路的大格局去探讨的时候，我们更容易理解服务创新的重要作用。这不仅仅是经济发展的“后工业时代”特征，更是探讨人类终极目标的必然命题，是“满足人民群众对美好生活的向往”的具体路径。

我推荐并期待着，更多的管理者、创新者能够通过这本书引发的思考，走向系统性开展服务创新设计的实践之路，走向设计美好生活之路！《新服务时代》一书，让人看到了一个国家的经济，当靠资源发展遇到瓶颈的时候，可以转而靠服务去突破瓶颈的希望。

余不一一，权当序。

中国政研会副会长

官景辉

2020 年 7 月于北京

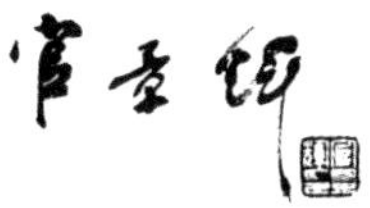

推荐序三　数字时代的美好服务

在一切皆体验的时代，服务不仅需要被所有行业重新重视（因为服务本质上指向如何更深入地连接人），而且从未如此需要被系统性地有效设计，这不仅是指设计数据与流程，更在于其中的价值观与可持续性。

李乐飞老师长期研究服务体验与产品创新，从产业互联网的赋能逻辑出发，通过广泛研究案例与提炼视角、方法，让原本被“大而化之”的服务一词，有了具体的商业洞察基点，并为读者提供了全新梳理、系统审视的有益线索，堪称 2020 年关于商业思考的阅读惊喜。

正因为服务的内涵和外延长期过于巨大与正确，我们才必须从数字经济的细微处去具体感知与建构。

你可以看到 2020 年上半年，商业世界的加速变化，绝非仅是 COVID-19（新型冠状病毒肺炎）带来的“隔离”，倒逼云化的提速。现实与虚拟世界的互融让每个企业都必须思考，如何实现更加立体化、多样性、可持续的服务；更加关键的是，这样的“应变”或者“求变”一直在路上，数字时代在酝酿更多生产、更多便捷、更多连接的同时，也衍生了更多随机与难以捕捉。

为什么长期布局城郊大店的宜家，要探索各种电商与零售形态，还在上海市中心开出 IKEA City（宜家迷你城市店）？为什么喜茶门店要分类 Pink 店（粉色主题店）、黑金店、DP 店（“白日梦计划”主题店）、Go 店（无人店）、热麦店，还要推出喜茶百货与喜小茶？为什么 ServiceNow、Workday 这样的 SaaS（软件即服务）企业市值不断走高，Salesforce 超过甲骨文成为全球第一大软件服务公司？

我在 2019 年提出“年轻商业的场景算法”时判断，新消费者表现出的“天生边缘、自组织与开放协作”，绝非停留在被简单概括的年轻人与新时代，而是数字时代的生活方式底层元素，无往而不在。

企业提供怎样的服务，以怎样的形态提供服务，服务设计决定了新战场的“生态位”。当需求与流量，在数字化的流变中无法被精准、即时地捕捉，那么还有“场景”作为可持续的设计入口。在需求的离散与丰饶中，定义真实的细分场景痛点，系统设计用户驱动的场景解决方案亦是数字商业给予服务创新的机遇。

数字时代的美好服务是被场景激活的系统性解决方案，它真实、完整、可延伸、有意义。

亚马逊的一切，不仅是围绕会员服务 Prime 展开，或者被 AWS（云存储服务）支撑，还在于零售解决方案的始终进化，不断划分新的服务单元，从“一键到家”到“一键到车”……这已远远超越了简单的复制与服务平移。

快手似乎从“边缘”需求崛起，以记录基础设施的普惠姿态，满足每个场景缝隙的效率需求。其不仅是低门槛视频创作、直播，还不断开发教育、美食、时尚、宠物等场景，打造针对不同圈层、不同场景的新产品。美食博主、教师或者艺术家，其需求都在快手得到满足。

这些公司的服务已无法直接定义，给出具象的总结，我们只能在每个场景评价其真实性与系统性。服务成为可以被设计的商业模式，数字时代每个公司，每个品牌都有机会且有必要成为“服务公司”，形成场景解决方案的弹性供给能力。

“服务改变世界，设计美好生活”，制造、销售、体验、软件、硬件……服务正在定义一切，成为底层能力。所以乐飞兄的《新服务时代》，从“网络、资源、需要、文化”等视角展开洞察，都呈现出别开生面的映射：本质上设计服务，不仅是设计全新的商业模式，更是在开发全新的生活方式。

场景实验室创始人 吴声

前言

服务，这个 GDP 意义上的“第一产业”，从未像今天这样重要，却尚未得到系统的认知。

共享经济，新零售，SaaS，各类模式层出不穷；物联网、AI（人工智能）、无人机，各种技术让人眼花缭乱。这个服务创新的战国时代呼唤着理性的回归，我们需要透过“变”的表象把握“不变”的本质。

在这本书里，我们希望从服务主导逻辑谈起，将世界范围内日益兴起的服务科学引入生活。这本书以“网络视角”“资源视角”“需要视角”“文化视角”来探讨服务创新的要素和趋势，从“原体验”“再设计”“多样化”的维度解析服务设计与创新的内在逻辑，借助 SERVINO（服务创新系统）和平行服务的研究成果打造服务创新工具，最后基于对“好奇心”“乐趣”等种种人类渴望的研讨去设计未来。

“设计美好生活，服务改变世界”，8 年清华讲堂的迭代，百余真实案例的解析，愿这本书能成为一个扎实的台阶，让我们在字里行间求索定义未来的力量！

总　论

第 1 章　无处不在的服务

什么是服务？服务在我们的生活中到底有多重要？我们不妨从制造业看起，先了解下谁在为制造业服务，如图 1-1 所示。

（1）商业服务，如咨询、审计、广告、垃圾处理，这些都属于这一范畴。

（2）增值服务，如金融、租赁、保险，这些都是为制造业服务的重要力量。

（3）流通服务，如批发、零售、维修等属于处于供应链后端的服务业。

（4）基础性服务，如通信、运输、公用事业、银行，这些是为各类流通业务服务的。

（5）个人服务，如卫生、保健、餐饮、住宿、零售等。

（6）更大的一个服务主体其实是政府，其服务内容包括军事、教育、司法、治安、火灾保护等，所以我们讲服务型政府是有依据的，因为政府本身就是最大的服务组织。

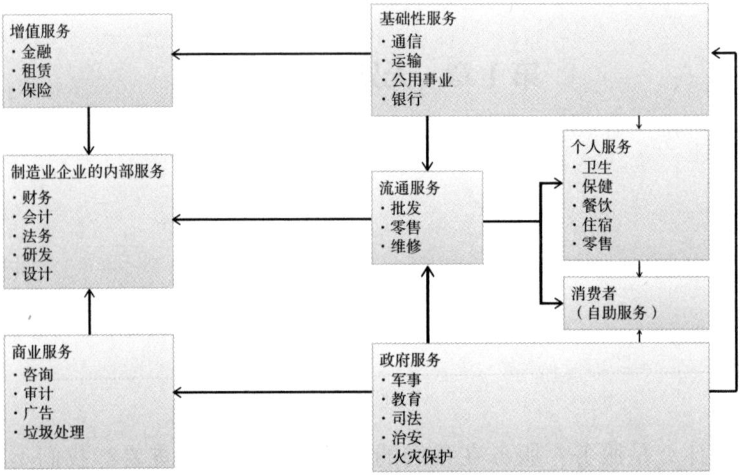

图 1-1　服务一览图

图片来源：Bruce R.Guile and James Brian Quinn, eds., *Technology in Services: Policies for Growth*, Trade, and Employment, Washington, D.C.: National Academy Press, 1988, p.124

下面我们再来看制造业，在制造业内部有财务、会计、法务、研发、设计等诸多环节，这些属于制造业内部的业务板块，其实，它们都可以看作内部服务，事实上，这些内部服务正逐渐被企业外包给其他公司。法务、研发、设计等服务的外包越来越常见。广东顺德工业设计研究院是一个典型的案例，它是坐落在广东工业设计城的教学、研究、实训机构，专门为当地家电、机械装备等行业提供研发、设计和人才培训引进等综合配套服务。顺德的世界 500 强企业美的集团也积极引入外部服务，在产品研发设计中，大量的工业设计工作是外包给广东工业设计城的专业服务公司来完成的。

如此看来，在我们的社会生活中，服务可以说无处不在。从 GDP 占比来看，2007 年美国的 GDP 有 80% 以上是由服务行业贡献的。当然，其中重点包含了金融和医疗行业，这两个行业在服务行业中占比非常大。2013 年第一季度中国服务业的 GDP 占比超过了制造业，占比 47.8%，2018 年最新的数据显示这一比率已经达到 51.6%，超制造业 11 个百分点。而在像北京这样的大都市，超过 80% 的 GDP 由服务行业贡献。由此，我们可以看出中国也进入了这样一个和西方发达国家类似的服务行业大发展的阶段。

接下来，我们需要讨论一下什么是服务。从已有的研究中，我们能够找到这样一些定义。

第一，“为顾客解决问题的一种活动，或是多种活动”，这里其实强调了一个重点，就是服务是为了顾客，是一种活动，强调了主客体的关系。

第二，“有些经济活动的产出不是物质性的产品或者构造”，此处强调了服务的非物质性，也就是说，很多时候服务并不是看得见、摸得着的东西。

第三，“无形性和异质性，同时出现和使用”，这个定义已经开始讨论服务的性质，这些是服务的自然属性，服务业之所以难管理，就是由服务的自然属性决定的。

第四，“服务是一种顾客作为共同生产者随时间消逝的无形经历”，此处又提到了服务的另外一个自然属性——易逝性。

第五，“服务可以看作是由其他事物所影响，能改变经济状态或实体的一种条件”，这是一个比较晦涩的定义，强调了服务作用于实体而产生经济价值。

我向大家推荐一个相对广泛并被认可的定义：“服务指的是在服务提供者和用户之间建立的产生经济价值的互动过程，其不光存在于第三产业，也存在于制造业。”

先看第一句，“服务提供者”和“用户”两个词指出了服务的两个关键的主体，一个是服务由谁提供，一个是服务提供给谁。然后它们产生互动，而且此互动产生了经济价值，这就叫服务。

再看第二句，什么叫“其不光存在于第三产业，也存在于制造业”？我们可以用近些年来比较重要的一个概念来解释，叫“服务型制造”。

什么是服务型制造？我们不妨举一个例子。美国开利公司的创始人开利先生在1906年发明了空调，它的压缩机及整体制冷技术堪称世界一流，所以开利公司的中央空调在美国拥有很多客户。于是开利公司就开始思考一个问题，我们不妨共同来思考一下：人们买一台空调，真的是因为很喜欢这台机器吗？

稍加思考，我们会发现，其实人们想要的是制冷这项功能，而不是机器本身。既然用户想要的是制冷这项功能，那我们能否换一个模式？

传统的模式是用户出钱买一台空调，开利公司给用户安装空调，这台空调是属于用户的，如果在保修期之内空调在运行过程中出现故障，开利公司就给用户提供免费维修服务，如果在保修期之外，维修则变成了一项有偿的服务。

既然我们发现用户其实想要的不是这台机器，而是制冷这项功能，那么我们何不转换为这样一个模式：空调装在用户家，但不属于用户，而属于开利公司。开利公司与用户签订一个制冷服务合同，用户按照制冷的服务向开利公司付费。在这样一个新的模式下，我们想一想，当这台空调出现故障时，是用户着急，还是开利公司着急？显然是开利公司更着急，这是问题的核心。传统模式下空调买回去就是用户的，在空调出现故障之后是用户着急；在新的模式下空调是开利公司的，而用户与它签订的是制冷服务合同，所以当空调出现故障的时候，开利公司的制冷服务就中断了，于是开利公司需要想尽一切办法恢复空调的制冷功能，这样就变成了开利公司比用户更着急。

此时，我们发现，“服务型制造”的核心思路是什么？就是连制造业都在思考怎么以顾客为中心，这也是“服务型制造”的核心观念。

之所以用这样一个例子，是因为我们想探讨服务和产品、服务和制造之间的关系。接下来，我来讲一个在学术界非常重要的突破性理论，它奠定了服务科学的基础，叫作服务主导逻辑（Service-dominant logic，S-D Logic），是由美国的瓦戈和卢舍两位教授在 2004 年提出的，之后这一理论也在不断地完善和修正。我们不妨看两条非常重要的论断。第一条论断，即“所有经济都是服务经济”。这条论断非常强势，因为我们之前认为服务是第三产业，在突然听到“所有经济都是服务经济”的时候，我们肯定忍不住要问一个问题：如果所有经济都是服务经济，那么产品是什么？紧接着第二个论断回答了这个问题，即“产品只是满足人们某种需求的载体”。我们需要注意，产品仅仅是一个载体，其核心目的还是要满足人们的需求。

在这样两个论断的支持下，才有了我们所谓的“服务主导型逻辑”。也就是说，我们思考问题的方式要全面地、彻底地转向服务。我们不妨再用一个星巴克的例子来说明问题。

20 世纪 70 年代，星巴克由舒尔茨先生在西雅图创立，一直以来，其服务模式就是把烘焙好的咖啡豆配送到各个门店。在顾客点一杯咖啡的时候，咖啡师就现场用咖啡机把咖啡豆打磨成粉，然后冲好咖啡给顾客。这是星巴克的经典模式。20 世纪 90 年代，舒尔茨先生把星巴克交给了他的继任者，一位新的 CEO（首席执行官）。这位 CEO 在上任之后启动了改革，思考怎样才能进一步降低成本、提高效率。于是星巴克想了一个招数，它们不再配送咖啡豆到每个门店，而是直接把这些咖啡豆集中在一个地方，打磨成粉、真空包装，再把咖啡粉配送到各个门店。此时，我们想象一下，当一位顾客来点一杯咖啡的时候，咖啡师直接把真空包装的咖啡粉倒进杯中，给顾客冲一杯咖啡，这样是不是流程更短，效率更高了？显然顾客喝到咖啡的速度变快了。而且，咖啡豆集中在一个地方统一打磨成粉，更有利于发挥设备的规模效益。这听上去很好，显然是降低成本、提高效率的典范。

2000 年前后，星巴克的运营出现了一些困难，舒尔茨先生重新出山，执掌星巴克。他做的第一件事情，就是恢复配送咖啡豆到门店。这听上去颇有些倒行逆施的味道。此举显然会增加成本，那么为什么还要恢复配送咖啡豆到门店呢？我们不妨想象一下，咖啡豆在被打磨成粉的过程中，会发生什么事。

咖啡豆在打磨的过程会释放咖啡的香气，而香气是一个咖啡店服务体验不可或缺的组成部分！所以，星巴克的这个例子告诉我们：对待服务，采用制造业的思维——不断降低成本、提高效率绝不是最好的解决方案，一定要注意，我们真正要关注的是顾客的服务体验，这是我们下多大气力去追求都不过分的。当然，我们提倡的不是不顾效率和成本而一味提高体验的做法，因为体验是没有止境的，所以我们需要将服务体验设置在一个合理的水准上。

在理解了服务主导逻辑的理论后，我们就不难理解为什么在面向顾客开展产品创新时，最终会落脚到服务的管理、服务的体验、服务的创新主题上了，因为思维的转变决定了方法的变革。

第 2 章　无比复杂的服务

应对服务之复杂

复杂性是一个难以讨论的话题。通常我们认为复杂系统是一个典型的拥有复杂性的系统，其主要特征是它的整体行为并不是将组成它的个体的特征简单相加而得到的，其中会发生复杂的涌现现象，有很多非线性的关系，包括系统的整体呈现出的一些自适应行为等。

通常来说，服务的系统就是典型的复杂系统，在服务管理中，我们经常用服务包的概念定义一个服务系统，也就是说，一个完整的服务包包含支持性设施、辅助物品、信息、显性服务和隐性服务这 5 个方面。因此，对服务系统建立的认知中至少要包含这 5 个方面的要素。

此外，在服务系统中，无论是服务的主体还是服务的对象，很多时候都指向人，这就给服务系统带来了更大的不确定性，如何应对服务系统的这种复杂性呢？从系统工程的观点来看，应对复杂的系统绝不能够简单地将复杂问题简单化，而应该用应对复杂问题的工具来应对这种复杂性。系统工程在多年的研究发展过程中，出现了复杂自适应系统、多智能体建模仿真等各种类型的分析方法和工具。这些分析方法和工具往往能够给我们提供两方面的帮助：一是它能在粗粒度的情况下，通过复杂系统中的个体行为以及个体之间的交互行为等，对系统整体的行为进行一定程度的描述和预判；二是它能够给我们提供一种针对可能性的分析，也就是让我们在还没有将服务系统付诸实践时，就能够得到它在运行场景下的一些可能表现的分析和判断。

在实验室研究中我们已经利用这些工具开展过针对人在复杂的零售场景下的行走路径以及消费行为的分析，并得到了初步的验证，而未来这类系统将会以一种平行服务系统的形式，把模型作为在计算机里开展虚拟计算实验的基础，在尚未提供真实服务的前提下，开展大量的计算机虚拟实验，完成对各种可能出现的结果的推演。这种推演即使不能给我们提供在概率层面上的精准的结论，但至少可以把各种可能性呈现出来，在我们做服务的设计、服务补救方案甚至是服务运行系统资源配置时，为我们提供前所未有的支持和参考。从这个角度来看，这与当下工业互联网场景下的 CPS（赛博物理系统）或者数字孪生从本质理念上是一致的，而在服务系统当中的数字孪生，还有额外的意义。这种意义就在于当它能够更好地将人类的行为模型以及人与人之间的异质性进行表达和分析时，其有望通过人工智能的手法来辅助服务过程，给予用户更加定制化的服务体验，尤其是在一些大众化服务场景下，比如餐饮、零售等。

在传统的服务模式下，由于服务人员要面对海量的消费群体，仅靠人脑的记忆是很难照顾到消费者的个性化需求的，人工智能则不然，其完全可以在对个体消费信息以及消费者历史信息甚至健康状况与当前情绪等信息进行综合考量之后，进行更好的服务内容匹配，甚至进行定制化的服务场景的设置。换言之，我们应对服务系统当中复杂性的方法，已经不仅仅可以帮助我们从系统整体的角度改善设计和运营，甚至可以或者必将可以应用在更广泛的服务场景当中，开展直接面向消费者个体的精准服务。未来像 Siri（苹果语音助手）这样的人工智能助理，将不仅仅作为消费者身边的个人助理，它的孪生兄弟将成为服务员的助理，甚至有一天可能会取代服务人员，这种助理和助理之间的沟通将会给我们带来一种前所未有的服务体验。

当然，从这个角度来讲，这种智能技术的实现，是否让服务系统本身的复杂性更高，还难以简单地判断，在当前我们可以理解的范畴之内，一种对更深层次的个性化需求的精准掌控，是有利于提升整体服务系统的效率和效果的。最为直观的例子是精准医疗，当我们能够掌握用户的 DNA（脱氧核糖核酸）信息的时候，我们可以根据历史经验来判断，何种类型的药物对这位病人是有效的，而这一点可以极大程度地提升当前医疗服务的定制化水平，进而提升其整体服务质量。

概括来说，复杂性与服务系统设计和管理的关系，不妨归纳为基于模型的计算实验推演能力来改善服务整体的设计和管理，而为了达到这样的一种分析方法的变革，其必须具备的针对人、人与人之间的交互以及环境的基础知识和模型，将会为我们面向个体开展精准服务提供前所未有的机会。这两点的核心都在于建模和推演，因此跨越心理学、行为学、社会学、管理学甚至脑科学、生命科学的一个综合的跨学科的团队或将具有更大的竞争力。

此外，为了能够有更多高质量的数据用于训练、验证模型，更加多元化的数据采集设备以及人体特征识别和测量的方法，将同步得到更多的发展机会。要把以上要素组合起来则需要由对商业模式和技术创新有着深入的理解，同时又对创造美好生活有强烈使命感的组织和个人来推动及实现。

连续体思维

在复杂组织体架构中，有连续体这样一个概念，在系统思维和全局思维的架构中，连续视角作为发展视角的其中之一是系统思考不可或缺的部分。

在服务系统的设计中，连续体恐怕也是我们思考服务设计空间的有力工具。说到服务设计的空间，既然是一个连续体，首先就要定义它的两极，在两极之间的广泛空间里，存在着各种各样的可能性，而我们既有的服务和未来潜在的服务，都应该在这两极空间中选取合适的位置。

我们不妨以出行为例，如果其一端以最便宜的票价和最大的运载量来定义，恐怕就是公共交通中的地铁、公交这样的出行方案；而连续体的另外一端，或许是一种点对点的直接面向个体的私家车出行，以目前的技术趋势来判断，这种出行方式很可能是无人驾驶的点对点、完全拥有个人私密空间的一种交通模式（其服务的高端应该是最贵且最少运载量、只为一个人服务的私人飞机）。

假设以这两种方式为两极，那么存在于其中的方式，一方面，可能是交通工具运载规模上的变化，比如拼车就比一对一服务的个人出行运载量要大一些，再如小型巴士，其运载量就要比私家车大一些，而公交车的容量更大，再到地铁，它的容量可能是目前最大的。

另一方面，从自由度和舒适度的角度来看，上述方式又存在一个自由度和舒适度逐级递减的过程，当然，费率也可能同样存在着逐级递减的过程。因此，我们如果用费率、舒适度、运载规模等具体指标来定义的话，就可以发现一种出行方式上的连续体，而在这个连续体上目前能够观察到的服务模式，都可以在这个连续体上找到一个点，把它放在那里，这些点和点之间的空间就是一些依然可能存在的新模式。当然，这种模式的成立，一定在一个或者几个参数方面要明显优于当前的解决方案才能被人们所接受。所以，从这个视角来看，一个服务系统的连续体应当首先需要将其关键有效性测度定义出来，而这些有效性测度背后可能是由一些关键的技术参数或者系统的性能指标所支撑的，我们不妨把这样的有效性测度沿着两极的思维定义为两个端点，然后在这两个端点之间寻找一种更为经济或更为舒适的整体解决方案。

如果类似的两极思维用在艺术和设计的关系上，我们不妨把艺术理解为艺术家在探索美学的边界，这种极致的个人表达通常会产生独一无二的作品，而这个作品本身有非常小的受众，这就是一种极致。这种极致沿着某个方向进行一定的个性密度的衰减，就会向另外一个方向靠拢，因此会产生设计师品牌、大众化品牌，一直到非常普通的日常商品。

同样，从某个服务提供商提供的服务来看，服务也可能出现在同一个连续体上搭配不同的模式，提供给不同需求的用户，或者满足同一用户在不同场景下的需求，比如在滴滴出行的平台上，有快车、专车、出租车甚至是共享单车。对连续体上需求点的覆盖程度，不仅仅是一种丰富选择所带来的简单意义上的多样化，更多的是给更广泛的群体在更广泛的场景下提供了一个统一的入口，这样的入口让人们的生活变得更加简单，而这样一条“让人们生活变得简单”的规律，往往是赋予企业极强生命力的一个创新方向。

回到服务设计的原点，我们认为发掘和定义连续体是一项应该在服务设计的早期阶段就必须开展的活动，它常常可以和企业的业务及使命分析活动联系起来，和企业现有服务联系起来。当然，在很多服务当中，并非单一指标在驱动整个市场，当多项指标构成一个相对复杂的空间时，其就不是简单意义上一个由两极定义的线段来判断服务在其间的二维的位置，而应该用更多的综合性的指标，在各自指标上的两极定义一个多维的位置，这个位置或许就是战略分析中的“定位”一词的关键信息。

以酒店业为例，以 Airbnb（爱彼迎）为首的共享经济巨头给全球的酒店业带来了不小的冲击。此类平台最大范围上调度了社会上闲置的房间、公寓甚至独立别墅的资源，构成了 C 端（用户端）与 C 端（消费者端）的直接联系。由于 Airbnb 上的房源并不像连锁酒店那样带有统一的装修风格、服务设施、标准化的服务模式，不同的是，Airbnb 平台上的房子采用房主偏好的装修风格，这会为使用 Airbnb 的旅行者提供新鲜的旅行体验。同时，旅行者在与房主沟通需求的过程中，因为没有酒店标准化的要求，对话的过程反而会凸显房主特有的幽默感，这让互动过程充满乐趣（Airbnb 平台的双向评价机制可以避免互动双方发生冲突，从而保证双方获得优质的体验）。当然，这种模式也不可避免地存在很多风险：其在满足需求的精准匹配、服务的一致性方面，都难以与传统的酒店业相比。因此，我们不妨把传统的酒店业与 Airbnb 风格各异的个人房主提供的住宿作为连续体的两端，在两端之间寻求差异化的中间点。国际上最新出现的“分散式酒店”就是其中一个靓丽的中间点。据《商业周刊》报道，在意大利和西班牙，分别有大约 2 500 个和 3 000 个村庄面临抛荒的危险。在日本，有大约 800 万栋建筑物处于空置状态。如何利用好这些闲置的建筑物？答案就是不妨将其改造成度假酒店！在塞浦路斯，企业家约翰·帕帕多利斯改造了他的家乡小镇的废弃房屋，打造了拥有 40 个房间的酒店和水疗中心，这些房间在目前一年之内的所有周末都已经被预订出去，整个项目顺利实现了赢利，该国总统甚至将他的旅游业规划复制到整个地区的 115 个垂死挣扎的小镇。类似的分散式酒店，在意大利已经有大约 110 家。日本京都附近的筱山城堡镇酒店的成功证明同样的模式在东方文化体系内依然适用。如果仔细分析这种模式的特征，我们会发现，它既利用了闲置资源，又挖掘出每个房间独有的生活气息和历史积淀（没准还有美丽动人的故事或者名人逸事隐藏其间），同时保留了传统酒店业统一管理、统一标准的优势，这便在酒店的服务连续体上发现并打造出一个靓丽的中间点。

把握历史与趋势

对于社会趋势的研判，如果放到历史维度来看，那么一个时代最大的特征可以大致用兴衰来标记，就像我们描述一个人在不同的心境、不同的状态下，其思想观念或聚焦点都会发生迁移，如范仲淹所说，“居庙堂之高则忧其民，处江湖之远则忧其君”。民国时期的优秀学者更多地把目光放在“西学中用”及对我国古代与国际沟通密切的盛世阶段的比对分析，背后都是一种救国思维，同样的趋势放在国际范围内也是成立的。“二战”后德国和日本无论在工业还是设计方面的崛起，都含有强烈的救赎和复兴的色彩，背后有一种民族精神。中国在过去百余年几经坎坷，也在走着这样的复兴之路，事实上在复兴的过程中，人们带着一种理想，带着一种改变现状的迫切需求。

因此，就服务设计而言，对社会趋势的研判应该基于对整体民族精神的研判和对整体发展阶段的研判，然后在这样的大趋势下，寻找适应这样趋势的细分社会趋势。这种细分可以按照行业去细分，也可以还原到人的不同类型的需要去细分，还可以还原到不同阶段或阶层的人的需要去观察某种社会趋势。

在这种社会趋势往具体的服务设计进一步转换的过程当中，我们有必要再回过头从历史的尺度来看待它与整体社会兴衰的关系，看其能否在适应细分的社会趋势的过程当中满足甚至是支撑历史尺度上的社会变革，这是让一个服务系统能够在相当长的时间之内，不仅取得商业上的成功，而且获得更大范围的社会意义上的成功的重要指标。

比如，当一个国家进入后工业化时代或初步进入后工业化时代后，人们的物质追求已经获得了相当程度的满足时，人们对于教育的需求就会上升到一个更高的高度，而这种教育已非简单的可及性、普及性可以概括，它会沿着广度和深度两个维度去延展。向广度延展比较容易理解，在“终身学习”的趋势下，人们有了更高的自由度去探索自己喜爱的方向，例如绘画、音乐，相应的供给也逐渐变得唾手可得，细分教育市场的创新方兴未艾；向深度延展要求教育要挖掘到人内心深处更加本质的需要，钱穆先生曾经在《理想的大学》中提到：“高等教育要传递的无非是经验和理想。”这里的经验包含了知识、方法、技能，而理想就属于更深的、更高层次的需求，这个理想恐怕要更多地和历史尺度下的社会发展状态结合起来，才会更有生命力。

小结一下，面对如此复杂且又每天都在影响我们身边的一切的“服务”，我们有没有可能剥茧抽丝去觅得一些有价值的服务创新的规律？在探究其原理之前，我们不妨找一些各行各业的服务案例，尝试从不同的视角去分析。在这里，我向大家推荐服务创新的 4 种视角：网络视角、资源视角、需要视角和文化视角。

服务创新的
4 种视角

第3章　网络视角

在观察服务创新趋势的过程中，第一个重要的视角是服务与产品开发的网络视角。具体来说，其中包含了低成本网络、跨组织网络、高效运营网络，以及线上和线下网络4个方面。

低成本网络

何为低成本网络？简而言之，就是从网络结构角度，将更低成本的全新模式服务于一个既有行业，并带来全新的服务体验。

典型的低成本网络案例是联邦快递，它是整个快递行业的标杆性企业。在20世纪60年代，联邦快递创始人弗莱德·史密斯在耶鲁大学读书，其间在撰写一篇课程论文时，他产生了一个很有意思的想法：在电子工程领域有一个简单的装置叫作接线盒，即很多条线路汇集到一个盒子里面，这里就能实现任意两条线路之间的导通。

史密斯先生设想，如果用同样的原理，在美国找一个城市当“接线盒”，让其他城市的包裹都乘飞机汇总到这一城市。然后在这一城市里建一个转运中心，并利用夜间时间在转运中心完成任意两个城市之间的包裹的交换，在次日早上这些完成交换的包裹坐飞机飞到它们的目标城市，整个过程就实现了一夜间完成全美国的快递交换。

这个想法非常有趣，但是耶鲁大学的老师对史密斯先生的这篇论文给出了 C 的评价。虽然成绩不甚理想，但是史密斯先生依然坚持将这个想法付诸实践。1973 年 4 月，他在美国选了一个叫孟菲斯的城市，最开始只有 14 个城市的包裹飞到孟菲斯进行交换后再飞回去。联邦快递发展到今天已经成长为覆盖 200 多个国家的快递巨头。为什么说这叫典型的低成本网络？试想，如果我们用最简单的做法覆盖这些有需求的城市，也就是用一条航线把有需求的两个城市连接起来，这样需要 91 条航线，相比于 14 条航线，其网络成本显然非常高。此外，从网络的成长性来看，早期它只覆盖 14 个城市，如果在这个网络上要增加一个服务城市怎么办？在联邦快递的网络结构中，增加一个服务城市很简单，加一条航线连到孟菲斯就可以了。而在完全连接网络要怎么办？它要跟每个城市去建立连接，这意味着增加一个服务城市就要增加 14 条航线。所以从典型的网络底层结构的角度来看，这就是一个低成本网络。所以联邦快递是全世界最早做到次晨达并且快速扩张其网络的快递公司。因此，在建立网络的过程中，我们一定要思考网络结构层级的低成本，这往往能实现最大限度的节约。

中国有没有类似的例子？其实“通达系”民营快递的创业起点，就是一种典型的低成本网络。“通达系”的创始人都是从浙江杭州的桐庐县出来的，桐庐也因此被称为中国民营快递之乡（从业人员超过 20 万，年营业额达 300 多亿元，占据全国快递行业近 60% 的市场份额）。“通达系”企业家最初从杭州送一些报关单到上海，发现了快递市场的广阔空间，之后逐渐搭建起民营快递网络。如果观察“通达系”的成长过程，我们就可以发现他们之所以能够快速地构建一个覆盖全国的快递网络，是因为其依靠了一个非常简单而有效的模式。他们都是一个地方的老乡，假设你我是老乡，我负责 A 城市，你负责 B 城市。那么，从 A 城市发往 B 城市的快件，我直接交给你，你就帮我完成了配送；而从 B 城市发往 A 城市的快件，你就交给我，我帮你配送。基于这样的模式，往每个城市派一个老乡，很快就能构建起一张覆盖全国的快递网络。当然，这个简单模式的背后，有一个有趣的质量保障体系在发挥作用。我曾就此提出疑问：“往每个城市派一个老乡容易，假如这个老乡不认真送快递怎么办？”答案很简单：“他要是敢不认真送快递，他都不好意思回家过年。”显而易见，构建网络的质量保障事实上是基于乡情以及信用体系，因此其能够得到快速的扩张，并构建一个全国的网络。目前，“三通一达”进一步加强了协同发展，帮助行业打通上下游，拓展产业链，建立了精准化、个性化、定制化的“从工厂到用户，从田头到餐桌”的全链路管理，从而降低了整个社会的物流成本；同时利用科技信息技术深入行业协同和产业协同的每一个环节，构建了极具活力的配送生态圈。

从另一个维度的网络成本来看，近年来出现了一个重要趋势，也值得我们认真思考。例如，美国有一家创业公司叫 Deliv，现在类似于这样的平台已经很多了，这类平台是典型的大众众包平台，如图 3-1。

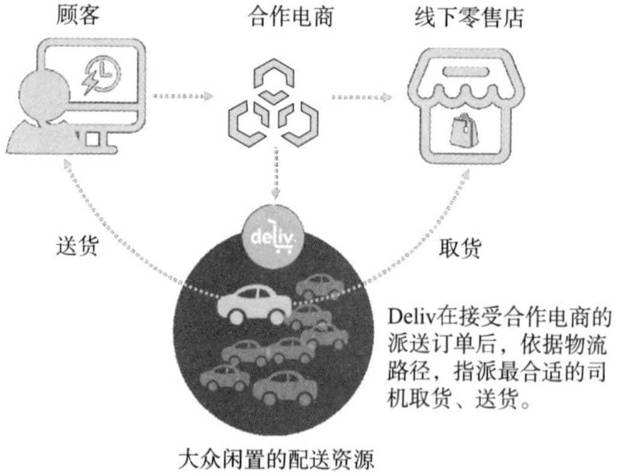

图 3-1　Deliv 公司的服务流程

具体流程是，每个人都可以申请 Deliv 的审核培训，通过之后就可以上岗。Deliv 的合作电商会向平台派送订单，然后 Deliv 会根据物流的路径，向最合适的司机分配订单，司机在接到任务之后就去取货，并且在指定的时间和地点送货给顾客，即完成订单配送任务，如图 3-2 所示。Deliv 成立于 2012 年，短短 6 年间，其业务已经覆盖美国 35 个城市，以 Same Day Delivery（当日送达）为主打，服务于 5 000 家以上的合作商家。这种模式与滴滴出行异曲同工，它实际上充分利用了社会的闲置资源，这一点非常重要，调动闲置的人、闲置的车、闲置的时间来帮助解决配送的问题。

图 3–2　Deliv 公司的物流配送流程

以滴滴出行、优步这样的平台为代表的共享出行模式看上去非常合理，但我们不妨探讨一下，为什么 10 年前没有滴滴出行，没有优步？有一项技术的普及十分关键，那就是移动互联网，它也是共享出行甚至今天方兴未艾的共享经济整体的使能技术。换言之，智能手机所具备的 GPS（全球定位系统）、3G（第三代移动通信技术）、4G（第四代移动通信技术）移动网络的出现，促使我们实时找到需要搭车的乘客和其附近的司机及车辆，并通过平台将二者匹配起来。

滴滴出行和优步是在用众包的力量送人，现在像 Deliv 这样的平台在送货，优步在美国已经有一个细分的产品，叫 Uber Rush（即时快递服务），也是在送货。国内有一家类似专注众包送货的企业叫闪送，其运营模式是一样的。

我们可以把促进类似众包平台兴起的模式总结为“平台强，凝聚起管理个体的力量则成为可能”，从原理层面来看，真正了不起的革命有两点：模式上连接供需，能力上依赖智能。

何谓“模式上连接供需”？我们举一个例子，2017 年在纽交所上市的百世物流集团，旗下有一个细分品牌，叫百世店加。百世店加是做便利店生意的，其模式非常有趣：百世店加有一个 App（手机应用程序），专门面向城市里大大小小的便利店、夫妻店，也就是城市零售体系的末端。店主只要装了百世店加的 App，就成为百世店加的签约店，也就是百世店加的会员，然后店主直接在 App 上下单就可以完成补货，也无须再到城市的批发市场去进货。在另外一端，百世店加与上游的品牌商沟通，依靠 30 余万家签约便利店、夫妻店的末端用户优势，直接从工厂拿货，再沿着自己的物流网络配送到全国的“毛细血管”。这种从工厂到便利店、夫妻店的一步到位的服务模式，就是利用由智能化信息平台支撑起来的物流体系的优势，将供应和需求直接连接起来，我常说，供需此时“直连”了，其优势不言自明。

跨组织网络

网络视角的第二个方面是跨组织的网络整合。我们先看一个例子：在中国香港和台湾地区，顺丰与 7–11 便利店等合作推出了 24 小时取件服务，即顺丰包裹不一定非得由快递员送到顾客手里，也可以直接被送到离顾客最近的 7–11 便利店，然后顾客自己去便利店取包裹。

目前，香港地区已有 370 余家 7–11 便利店提供自助取件服务，OK 便利店、壳牌加油站、华润超市以及一些小型连锁商店也与顺丰合作，为顾客提供更多服务点。除此之外，为了解决快递配送的最后一公里问题，由顺丰领投的丰巢科技公司提供智能快递柜服务，自助智能收取快递。截至 2018 年，丰巢智能柜已覆盖全国 100 多个重点城市，布局网点 1.4 万个，在北上广深的市场占有率超过 70%，日均处理超过 900 万件包裹。

这种合作模式看起来很简单，却非常值得推敲。首先，这对顺丰有什么好处？显然配送的整体效率提高了。效率提高在哪儿？主要是末端配送环节。如果进一步推敲末端配送时间节省在哪儿，我们会发现，首先，快递员要联络顾客取件，必然是一对一地去联系，即使联系上了，顾客当下也未必方便接收包裹，快递员可能后续还要再度联系。此外，在一对一配送情况下，快递员只能先联系一个送一个，再联系一个再送一个，任务与任务构成的是串行的系统。但是如果快递员将包裹寄存在 7-11 便利店，周边顾客所有的包裹就可以一次配送完成。所以说它大幅降低了顺丰的末端派送成本，提高了效率。

其次，这对于 7-11 便利店来说又有什么好处？显然这为之带来了客流。在消费行为学中，消费者在店里的消费可以分成两种类型：计划内购买和计划外购买，而计划外购买的能量往往会超乎我们的想象。例如，有一次我需要两节电池，就去清华大学附近的一个超市买电池。当走出这家超市时，我发现自己花了 200 多元买了各种吃的东西，之后我反思了一下，我只是来买电池的。而 7-11 便利店引以为傲的恰恰是其超强的品类管理能力，其店铺营业面积一般为 100 平方米，供应商品的品类有 3 000 多种。看到如此丰富的商品，在取包裹的同时，顾客很有可能发现好吃的、好玩的，于是就产生了大量的计划外购买，这对 7-11 便利店是有好处的。

最后，这对我们接收包裹的顾客有什么好处？显然，时间上的灵活性成为重要的优势。假如顾客这时候不方便接收包裹，那么快递员可以将快递寄存在 7-11 便利店，顾客什么时候有空什么时候去取。所以这个方案是一个“三赢”的优秀解决方案，三方都能获益。依照同样原理的案例是菜鸟驿站，其广泛利用社区洗衣店、零售店的思路与顺丰的上述模式是异曲同工的。

除了上述优势外，这种模式值得我们思考的还有网络资源建设层面的问题：对于顺丰来讲，如果想让自己的末端配送效率更高，那么可不可以自己开一个自提点？完全可以。事实上顺丰也有一些自提点。但是靠近顾客的场所往往地价不菲，仅仅靠取件这一项业务，是养活不了店面的。

我们为什么提倡要跨组织开展网络整合？恰恰因为对于我们的组织来讲，我们需要的资源很可能不需要由我们自己建设，我们需要的资源很可能恰好在别人手里；反之亦然，很可能我们手里的资源也是别人所需要的，这就是跨组织合作的基础。这种思维方式是双向的、共赢的，其合理性源于边际成本与规模效应之间的权衡交互。

在 2014—2015 年间，我在美国加州大学伯克利分校做访问学者，住在学校北边的一个小镇，有一次发生了一件很有意思的事情：国内的朋友给我寄了一个顺丰的包裹，同一时间，我恰好在美国的亚马逊网站上下单买了一个商品，结果亚马逊的包裹和顺丰的包裹居然由同一个快递员同时送到我家。注意，这位快递员同时把顺丰和亚马逊的包裹送给我，但这位快递员既不是顺丰的人，也不是亚马逊的人。这是非常有意思的事情，我就在思考这是如何发生的。

注意故事的背景，我住在一个小镇上，小镇意味着什么？这里的人口很少，包裹的取送需求很低。换言之，对顺丰来说，在这样一个区域安排一个配送员得不偿失。同样，对亚马逊来讲，在这样一个区域安排一个配送员也不划算。于是就有了当地一家小公司，它把顺丰的需求、亚马逊的需求、沃尔玛的需求等所有的派送需求整合起来，这样就可以支持这个小公司在这里生存和发展。一种跨组织合作的商业模式就这样成立了。需求在某个节点的聚合，催生了一些新的商业机会或模式，同理，我们可以思考丰巢快递柜是否也是在社区中创造了聚合需求的一种设施呢？

这里我想通过案例与大家一起探讨的一个问题是，我们需要的资源，是否真的需要自己建设？我们手里的资源是否恰好是别人需要的？我们要思考这样一种合作的模式，那就是跨组织的网络整合。

高效运营网络

除了经济上的可行性，网络效率的高低对大多数服务企业来说是体现差异、影响顾客满意度的重要因素。

在高效运营网络方面拥有杰出表现的代表是亚马逊公司。从起点来看，亚马逊实际上是一个以供应链制胜的电子书商。它的创始人贝佐斯先生是普林斯顿大学电气与计算机工程专业毕业的，毕业后在华尔街从事金融投资工作，1994 年前后，贝佐斯决定到西雅图去创业，后来开了一家网上书店叫亚马逊。亚马逊绝不是第一家网上书店。但它是如何在电子书商的竞争中胜出的呢？甚至在 2000 年前后美国网络泡沫破裂的年代，亚马逊依然能够生存下来，并发展到今天成为全球市值第一的高科技公司。

早期亚马逊以供应链制胜，那么具体的做法是什么？第一个举动就是在 2000 年前后，亚马逊推出了全新的服务模式，叫作在线集市。这是什么概念？传统 B2C（企业对消费者的电子商务模式）电子书商的卖书模式是将图书存放在中心仓库，在用户下单后，卖家就把这本书拣选出来，打包好快递寄给用户（在亚马逊的初创阶段，贝佐斯甚至亲自去邮局寄包裹）。后来亚马逊换了一种思考模式，既然已经有好几百万用户在我们的平台上买书了，我们自然就有了这些用户的信息，如果用逆向思维来看，用户既然能在我们的网站买书，那么我们能不能让他们在我们的网站卖书？答案是，完全可以！

在买卖这件事情发生角色切换之后，整个模式就被颠覆了。这就是畅销书《长尾理论》所描述的商业模式，如图 3-3 所示。

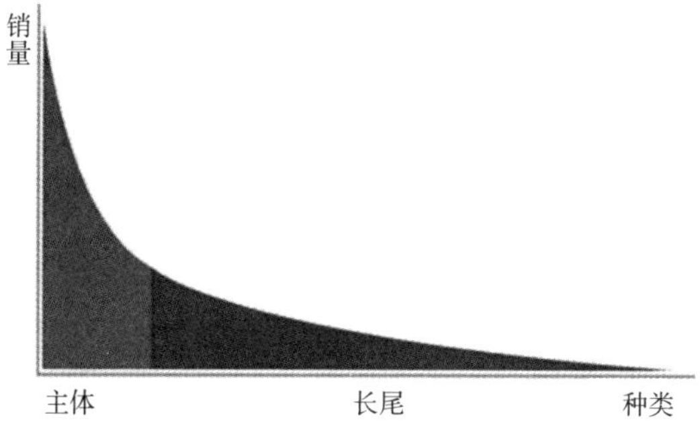

图 3-3　图书市场的长尾理论

图片来源：克里斯·安德森：《长尾理论：为什么商业的未来是小众市场》，北京：中信出版社，2015

假设图 3-3 中展示的是整个图书市场，横坐标是图书的种类，纵坐标是图书的销量，如果我们将年销量在 10 000 册以上的书定义为畅销书，剩下的年销量不足 10 000 册的书定义为冷门书，那么所有图书就被分成了两种类型。显而易见，对实体书店来说，它们一定倾向于卖畅销书。因为卖冷门书就意味着实体书店要承担巨大的风险——库存周转慢，而且货架还要被长期占着。所以在传统的卖书模式下，书店尤其是实体书店基本上只敢卖畅销书，轻易不敢碰冷门书。

但长尾理论告诉我们什么？请注意长尾的这部分冷门书的市场，虽然这些书的单本销量很低，但这种书太多了。也就是说，这其实是一个巨大的市场。但谁能覆盖这样的市场？只有在你的运作成本足够低的时候，你才有能力去覆盖这样的市场。

回到亚马逊的在线集市，传统 B2C 模式下，书都存在亚马逊仓库里，而新的在线集市的模式是用户到亚马逊平台去卖书，同时这些书在出售之前都一直存放在用户家里的书架上，既不占亚马逊的仓库，也不占亚马逊的资金，直到发生一笔交易之后，亚马逊从中抽成。所以，在亚马逊那里交易仅仅是存了一条记录，即用户想以什么价格卖哪本书，只是发布一条信息，几乎没有成本。亚马逊通过大量削减库存来降低运作成本，具备了覆盖长尾市场的能力。

这种模式除了帮助亚马逊获取长尾市场带来的收益之外，还产生了一个很有意思的效应。就是当亚马逊既有畅销书又有冷门书的时候，它变成了终端用户能接触到的图书种类最丰富的渠道，当消费者要找书的时候，其会优先上亚马逊的平台去找，如果在亚马逊都找不到，别的地方很可能就找不到了。这种由丰富性带来的效率提升，对用户来说也是很有吸引力的。这也是长尾理论吸引人的地方。

大概在 10 年前，我写了一篇文章叫《浅谈物流的长尾》。物流市场，是不是也同样存在类似的现象？大型的厂矿企业可能对物流企业来说非常有吸引力，服务这样一个煤矿，几百万吨的稳定运量就锁定了，剩下的工作是把运输组织好。但不要小瞧物流行业中的中小客户，虽然它们的运量小，也不稳定，但是这种企业太多，同样是巨大的长尾市场。

谁能覆盖这个物流的长尾？只有当你的运作成本足够低，运营效率足够高的时候，你才敢去开拓这样的长尾市场。近些年来我们看到的一些方兴未艾的众包平台或无车承运人平台，像卡行天下、满帮等，它们探索的就是用这样的方式来覆盖中小物流的长尾市场。如果进一步扩大讨论的范围，面向个体消费者的物流需求，其市场空间有多大？近些年快递业的飞速成长已经证明了这个市场之巨大。

所以长尾这套逻辑不仅仅在图书市场可以应用，在其他的市场，这套逻辑同样适用，亚马逊则是成功的先行者。

除了在线集市之外，亚马逊还有两个重要的创新举措帮助其完成长尾市场的覆盖。其中一个创新是即买即印，有很多书在亚马逊根本就没有存实体版本，而是在服务器里保存了电子版。当用户下单买这本书的时候，亚马逊立刻用高速打印机把这本书打印出来，装订好寄给用户。或许我们会问，现场打印装订再寄出，这样的成本得多高，效率得多低？其实不用担心，即买即印的书，一定不是畅销书，一定是非常冷门的书，当顾客在其他平台根本买不到这本书的时候，必然愿意支付更高的价格、等待更长的时间。因此，即买即印也是符合长尾理论策略的，是降低库存、减少资金占压的一种手段。

另一个创新就是亚马逊推出的 Kindle（电子书阅读器），也就是移动电子书，这是一个了不起的产品。移动电子书是可以通过 3G/4G 移动数据网络接连到亚马逊的书库。用户可以用手持终端在线选购图书，选完之后，图书通过数据网络传输到用户的手持终端，所有的物流环节都省了。这也是亚马逊进一步降低成本的一种手段。

据说，美国亚马逊的 Kindle 服务还有一个有趣的功能。中国有句老话，叫“书，非借不能读也”。我们时常在把一些书买回来后就搁在书架上，很难想起来去看。然而借的书，因为是要还的，所以我们会及时认真地看。于是亚马逊 Kindle 开发了这样一个模式（目前该模式仅适用于美国亚马逊）：你在 Kindle 里买了一本书，在你的电子书架上，你的朋友想借这本书，此时它就会从你的 Kindle 里消失，跑到你朋友的 Kindle 里。两周之后，这本书又会从你朋友的 Kindle 里消失，重新回到你的 Kindle 里。这是用软件的手段模拟了实体的借书过程，十分有趣。

上面三种方法综合起来，就构成了亚马逊通过供应链的模式创新，一举打造了一种全新的商业模式，降低了成本，覆盖了全新的市场。在图书市场取得成功之后，亚马逊发现除了卖书，它可以很方便地将这种模式扩展到其他品类，今天的亚马逊几乎什么都卖。一方面，在美国很多城市它已经开始卖生鲜了；另一方面，当我们还认为亚马逊是一家 2C（面向普通用户）的公司的时候，2015 年亚马逊推出了 B2B（企业对企业的商业模式）的服务 Amazon Business（亚马逊面向企业客户的商城），目前已经达到 100 亿美元的年收入。

这两个方面的延伸，自然带来了需要管理海量商品的需求，当卖的商品品类越来越多的时候，亚马逊就不可避免地面临一个问题：仓库的拣选效率够不够高。直到今天，几乎所有 B2C 网站的核心竞争力之一就是仓库拣选能力。简而言之，就是给你一张订单，在仓库里你能用多短的时间把它拣选出来。新浪科技曾经报道过亚马逊的美国凤凰城运营中心，其中蕴含的系统设计原理具有广泛的借鉴意义。

亚马逊凤凰城仓库在 2007 年 9 月投入使用，占地面积 5 万多平方米，相当于 10 个足球场的面积。其中传送带的长度达到了 9.6 公里，每天可以运送几十万个订单。当时亚马逊在全球有 50 个运营中心，一半在美国，凤凰城是一个小件货品仓库。首先，亚马逊的采购人员要下订单，在订单被系统接收之后，供应商可以在终端经由一个特定的网站进行送货预约，系统会根据以往的客户订单的分布，以及仓库的存储空间做出计算，最后决定供应商送到哪个库房，而接受货品的地方就是亚马逊的库房。

我们注意到，采购员的订单在被接受之后，供应商不是想什么时候送货就什么时候送货，而是要经过预约。我们熟知的货场的场景，经常是排了一大堆卡车，在货场看谁能抢先卸下来，这里隐藏着巨大的资源浪费。亚马逊物流模式的重点在于为什么送货需要预约，尤其是为什么订单还需要通过计算决定送到哪个库房，这些值得我们深入思考。毕竟对于小件商品仓库来说，重点要考量的是订单的快速拣选。

我们不妨举一个亚马逊网站订单的例子，有一位顾客买了一台笔记本电脑，他很有可能会同时购买一个便携式鼠标。如果笔记本电脑和便携式鼠标的供应商是两个供应商，顾客所需的商品就会由两辆卡车来送货，假设我们让笔记本电脑的供应商把笔记本送到整个仓库的最南端，又一不小心让便携式鼠标的供应商的卡车把鼠标送进了整个仓库的最北端。我们想象一下，后面员工在拣选这张订单的时候，要将一台笔记本和一个便携式鼠标分别从仓库的两端拣到一起，凑成一个订单寄出去，这样一来，在库房里的操作将会产生许多浪费。现在我们能够理解为什么亚马逊送货必须要预约，为什么商品送进哪个库房要经过计算了，问题的核心是要节约在库房里的操作时间，就是当员工接收到订单的时候，员工能不能最快地把它拣选出来，这是公司的核心目标，所以订单配送的背后要靠系统来计算。

库房码头是 24 小时收货的，员工打开货品的箱子，对货品条码进行扫描，这些货品就进入了亚马逊的系统里。扫描后的货品随后会被摆到一个蓝色的架子上等待上架，然后专门负责上架的员工会把这些货品推走进行二次扫描，并将它们放在工作车上。之后这些货品会在几个小时之内被摆上货架。从货品上架那一刻起，用户就能够在亚马逊网站上看见并且购买这些商品。

接下来一件非常有趣的事情就发生了。亚马逊独有的上货方式是随意摆放，人动而货不动，负责货物上架的员工会根据行走的路线以及货架上的空间随意摆放货品，并将货品扫描至系统，这样做的好处是缩短拣货距离。

这里有一个问题值得我们关注：为什么货品随便摆放都不会乱？事实上，我们可以看到每一格（货位）都有一个条码，只要扫一下货位条码，再扫一下商品条码，计算机就知道商品在哪个格里，系统也就不会乱。那么为什么要看见一个格就往里放？显然，这样做是最快的上架方式。对员工来讲，这样做他走动的距离最短，因为看见一个空格就往里放，很快就可以放完。所以这里就体现了物流服务系统设计的第一个重要原则：人员的走动是巨大的浪费。我们要尽一切可能减少这样的浪费。所以随意摆放的本质目的是缩短过程，减少人员的走动。

在通过随意摆放完成了货物上架之后，员工需要在收到订单之后把相应的商品拣选出来。亚马逊强大的系统能够根据随意摆放记录的位置，以及订单所需求的货物，进行最短拣货路径的计算：系统会将几张订单分配给一个员工，并且优化出员工的最佳路径。员工则是无纸化操作，在每拣完并扫描完一件货品之后，手持终端会自动告诉他下一个要去的货架，订单信息根本不需要员工判断。

为什么把这几张订单分配给这位拣货员呢？在系统的计算中一定是当他去拣这几张订单的商品时，走动距离是最短的，而且拣货的顺序也完全不需要拣货员判断，手持终端会告诉他先去哪个格拣什么，再去哪个格拣什么，完全不需要经验，全由计算机算出来，这一操作的本质是缩短拣货距离。

在以美国企业为代表的服务后台运作系统的设计中，大家经常会发现类似的设计思路，就是尽量让人减少判断和记忆，由系统来帮助人进行判断，人只需完成操作就够了。

此外，在小件商品仓库的拣货环节，系统还会将订单分成两类：一类是单件货品订单，另一类是多个货品订单，两类订单由两条不同的流水线进行包装。我们不妨设想一下，当单件货品订单和多件货品订单进入包装环节的时候，哪个流程更简单一点？似乎是单件货品更容易，因为一件货品就是一张订单，拿到一件货品，包装员就可以开始包装了。但是如果多件货品在一个订单上，包装员就需要把这个订单上的所有商品凑齐后，才能给它包装贴订单。

所以这两种类型的订单在后续操作的难易程度上是不一样的。由此便引出了系统设计的第二个重要原则（不限物流系统）：绝对不要把简单流程与复杂流程混在一起处理，否则我们就是在浪费自己的能力。这是非常重要的一个原则，在我们早期的系统设计实践当中已经充分证实了这一点。

2006 年，我们帮一家快递公司设计转运中心，当时这个转运中心的规模较小，只有十几位分拣员，几乎完全依靠手工操作，每天仅能完成 1 000 件快件的分拣工作。经过我们的设计，仅仅通过增加一条简单的半自动流水线和全方位设计及改造它的流程、信息系统、布局等，在不增加一个员工的情况下，达到每天处理 15 000 件，即达到原系统 15 倍的处理量。其中，我们做的第一条重要的系统设计与优化，就是改变原来包裹和文件混合在一起处理的情况。按照原来的处理模式，分拣员手里既有文件，又有各种形式的包裹，然后走动着去分拣。我们的优化方案是把所有单薄的文件袋分离出来单独处理，采用报箱式的分拣架单独处理，然后让所有的包裹上流水线分拣，仅此一条就大幅提升了整个系统的处理效率。所以，把简单流程和复杂流程分开处理是提升效率的重要方法。

回到亚马逊凤凰城仓库，在接下来的流程中，单件货品的订单由拣货员根据系统计算出的路线拣选出来，装满拣货车之后货品就会被送到包装流水线上，包装台上的员工在对货品进行扫描之后，系统会根据商品录入时的大小重量自动挑选合适的包装，在由员工进行包装、贴条、贴订单信息后，货品将会被放在一旁的传送带上。

此处需要注意，系统会根据商品录入时的大小、重量，自动挑选合适的包装。当我们在日常生活中收到电商快递的商品时，时常会遇到东西很小、盒子很大的尴尬场景，这种情况不仅会因过量的填充物而导致物资浪费，更重要的是这样会过量占据后续物流环节的运载空间。在亚马逊的仓库里，员工不需要判断订单要匹配多大的盒子，因为系统知道这个商品是多大、多重，它会直接推荐合适的包装。这再次体现了“无须判断”的思路。

多件商品订单的分拣流程从不同的货品被无序地摆放在一个拣货车上开始。在包装员的面前有可以调节容量的货架，每扫描一件商品，系统就会自动辨识将商品放在哪个货架上，这样一张订单的货品就能够统一在一起。然后系统根据所有物品的长度、宽度，给出最合适的包装建议，贴上订单后进入传送带。包装员面前有一个架子，架子分了很多格，每扫描一件商品，相应的格就会亮灯，拣货员就往那个格里放，最后，在这一车商品都被扫描并放置完毕之后，每一个格里的几件商品就是属于一个订单的包裹，然后通过系统挑选包装盒，由拣货员打包并送到快递区完成包装环节的操作。所以，多件商品订单的流程显然比单件商品订单要复杂一些。

接下来，有趣的事发生了，这些货品在传送带上会经过一道特殊的测重程序，以此来衡量包裹是否和订单内容一致。对于已经包装好的包裹，我们怎样检验东西有没有装对呢？按照常规思路，我们需要拆开包裹检查是否装对。但是我们只能通过抽查来实现这种检验方式，因为如果挨个包裹打开来看，前面就没有必要包装了。

所以，传统的检验模式只能做到抽查，但是这样一个流水线上的测重装置，可以检测每一个包裹的重量，我们的系统知道这个包裹装的这几件商品的重量总和应该是多少，再加上包装的重量，就能够得到包裹应有的重量。此时如果有偏差，就证明装的东西不对，这样的异常包裹会被踢到一个单独的流水线上，由人工处理。正常的包裹全部流到下一个环节。这里体现了制造或物流系统自动化的一个设计思路：正常环节，自动处理；异常环节，人工处理。

最后，合格的包裹会通过传送带送到快递区，分拣人员根据订单把包裹分到不同的配送车辆，然后在期望的时间送到用户手里。

在介绍完亚马逊凤凰城仓库的完整流程之后，我们还需要探讨和补充三个问题。

· 基于数据的决策牵引数据的精准采集

从包装环节的自动推荐包装盒，到一套通过测重完成的质量检验程序，背后都有一个前提条件：数据信息的准确性。如果我们没有完整的商品信息数据，或者说它并不准确，这套系统就会漏洞百出甚至陷入瘫痪。所以反过来这在提醒我们一件事情——企业信息化，然而，我们时常会陷入这样一个误区：我们总是希望用信息化来提升我们的管理。这种思路是有问题的。

正确的逻辑是，我们先要有明确的提升管理的思路和设计，然后通过相应的信息化实现。很多企业希望通过引进一套软件而使管理变得更好，然而在使用过程中软件会遇到各种水土不服的问题。纵观国际上很多优秀的企业，均是先在管理上有明确的思路，再通过软件把它固化下来。

换言之，很多企业抱怨数据不准确，没办法用。我建议这些企业先反问自己一个问题：有没有真的在用这些数据做决策？这可能是更关键的问题。我们曾给某物流公司做系统设计，当时我们收集到了一摞纸质运单，其中我们关心的数据是收货时间。结果发现所有运单填写的时间均是下午4点，这显然是不合理的。简单地把责任归咎于取派人员是没有意义的，经过调查，这些取件时间的信息从来没有被分析过，更不用说用这些信息辅助做运营决策了。如果管理层根本没有用这些数据，整个组织就缺乏足够的动力把数据采集准确。

所以，管理层能不能用这样的数据信息，不是先取决于数据准确不准确，而是首先取决于管理层，如果准备用数据去支持决策，管理层就要下决心、下力气把数据采集好，包括使用如手持终端之类的一些信息化的手段辅助采集。

·畅销品单独摆放，简单流程简单处理

亚马逊有一个区域是专门摆放畅销品的。这些产品的出货量大，周转速度快，因此被单独放出来，比如说亚马逊推出的 Kindle。

这片区域全部摆放畅销品，并且省去了传统的上架和拣货的环节。我们不妨思考一下，这恰恰符合之前提到的一个系统设计的重要原则：绝对不要把简单流程和复杂流程混在一起处理。这样的畅销品出货很快，而且基本上都是单件，即一个订单。如果还把这些商品拿去上架，可能几分钟之后，它又会被拣出来走一个完整的流程，这样系统就是在浪费自己的能力。这就提醒我们，在管理自己的服务系统（甚至是更加通用的系统）的时候，有必要思考一下在我们管理的系统当中，有哪些方面其实完全可以用更简单的流程来做，此时就非常有必要把它们独立出来，单独处理好。

·创造可扩展的系统能力

亚马逊仓库还有一个区域也很有意思。在这个区域里，很多机器被塑料布封上，暂时封存，以备在新年、圣诞等节日高峰期间启用。我国铁路客运系统也深谙此道，春运时节，我们经常会看到一些绿皮车挂上临时客车的牌子以应对海量的返乡客流，应用的策略与亚马逊如出一辙。事实上，这是更广义的系统设计都要考虑的，应对服务的高峰和低谷，绝不是说让日常运营能力轻松应对高峰，这必然意味着巨大的浪费。应对高峰期的需求一定要使用特殊手段，而不是用常规的服务能力来应对。这是我们服务系统管理应对需求的高峰和低谷的一个典型做法。

亚马逊的 CTO（首席技术官）及副总裁沃纳·威格尔说过，很多人认为亚马逊是一个互联网公司，但是在互联网背后有着庞大复杂的系统，是这些智能的系统让亚马逊的购物体验变得更加便利和贴心，这也是亚马逊不断创新优化升级的结果。我们注意到，在凤凰城中心的系统设计里，把哪些订单发给哪个员工去拣货，都是计算所得，这在本质上缩短了人员走动的距离，保证了亚马逊仓库的拣选效率。

接下来，还能不能更快一点？这就不得不提 Kiva Systems（仓库机器人系统）[①] 了，它现在是亚马逊的智慧仓储部门。

在几年前，Kiva 已经做到了传统分拣模式的效率的 2~4 倍。我们不妨分析一下，由机器人搬着商品走，这背后的创新原理是什么？在之前提到的凤凰城仓库里，我们说亚马逊计算机系统不断优化，旨在减少人员的走动，因为人员的走动是巨大的浪费。那么人员的走动降到极致是什么情况？就是不走了。所以 Kiva 系

① 2003 年 1 月创立，2012 年 3 月被亚马逊以 7.75 亿美元收购。

统的核心想法就是货动、人不动。以前是人动、货不动，因为货架是死的，所以只能人动；现在让货架来动而人不动，这是典型的逆向思维。

此外，除了简单意义上的逆向思维，Kiva系统还提供了无限的灵活性，这种灵活性现在给整个运筹学领域带来了巨大的挑战。想象一下这么一个机器人仓储系统，假设有一个货架，从A位置过来找到拣货员，在拣货员拣完商品后，这个货架一定要回到A位置吗？显然不必，它完全可以去找下一个拣货员，也完全可以到B位置，甚至到仓库的角落里去。

也就是说，所有的货架、所有的机器人，你都可以决定它们在什么时间、走什么路径、到什么位置、再去哪里。如果在我们的仓库里是成千上万个机器人在移动，调度这些机器人就变成了一项非常具有挑战性的工作，挑战在于怎么能让它效率更高。这里还要考虑到订单的分布，机器人之间的排队问题等，所以亚马逊的Kiva部门有大量的算法工程师在不断优化算法。中国也已经有多家企业能做类似的仓储机器人（如极致嘉、华恒等），它的难点并不在于机器人本身的机械部分，难就难在后台的调度、控制、优化系统，这是非常具有挑战性的任务，但是其中蕴含了巨大的潜力。

从凤凰城的运营中心到Kiva这样的机器人仓储系统，订单被高效拣选并装进包裹，接下来包裹就上了快递卡车。那么卡车的运送怎么能更快，或者说，从仓库里出来之后，包裹如何更快到达用户手里？这里我们就不得不提亚马逊近些年开发的无人机配送。

几年前，美国麻省理工学院的一位教授来清华大学参加工业工程系举办的研讨会时，看到我的同事在京东下单买东西，当天下午就送到了，这位教授不禁感慨美国的电商和快递业，整整比中国落后了一代，他们的配送是绝不可能这么快的。此事没过多久，亚马逊就推出了无人机配送，据说测试中最快的一单，在曼哈顿实现了从用户下单到包裹送到用户手里，只需12分钟。而近期亚马逊提出的用飞艇作为无人机的“母舰”的设想，更是让城市配送变成了科幻大片。

如果这样的模式得以推广，那么电商会被带到一个怎样的高度？当然，亚马逊直到今天还没有取得FAA（美国联邦航空管理局）开放空域的许可。一方面，城市上空飞的都是包裹确实让人“细思极恐”，诸多安全问题尚待解决。另一方面，万一有人恶意截获飞行的包裹怎么办？这些都是一个商业模式在正式商用前所必须考虑的。

当然，技术是由人的需求、商业的需求决定的，这是我们做服务创新时的一个重要逻辑。在某些场景下，无人机配送模式已经呈现出独特的优势：在新西兰以及北欧的一些岛屿，已经给无人机开放空域了，这是非常好的应用场景。在岛屿之间，用船运输的效率非常低，而且这些岛屿上面的包裹需求密度往往很低，用船运输难以实现规模效应，但是无人机可以很快将一个包裹及时送达。现在顺丰也在测试，在我国西南地区有些山区道路很不通畅，顺丰的无人机能比卡车更容易将包裹送至目的地。京东也有自己的无人机，但它们目前只能用以完成仓库之间的调拨。

所以，对于类似的技术应用，我们不妨总结出一条规律：技术是服务于价值创造的，我们首先要明确需要创造什么样的价值，然后去寻求合适的技术进行实现。如果技术已经具备了，我们就直接拿过来用；如果技术尚不具备或者不成熟，我们就去研发相应的技术。如亚马逊的无人机，我们要创造的价值是把包裹配送的速度加快，当我们确定卡车已经不可能更快时，探讨无人机的使用就水到渠成了。

亚马逊还有非常多的创新值得我们去探讨，其中就包括它的一些智能化服务设计。比如亚马逊的一键下单，亚马逊的网站很早就开发了一个叫“一键下单”的功能。我们回顾一下自己在各类网上商城购物的经历，一旦确定购买，我们就会点“去结算”，之后我们需要确认寄送地址，支付方式，要不要发票，发票的抬头是什么，有没有礼品包装，有没有促销代码，确认完毕，最后点“确定”，订单就完成了。亚马逊的逻辑是什么？其实绝大多数情况下我们都有默认的收货地址，默认的支付信用卡，这些信息不是每次都变更。因此，既然你是我的会员，我知道你默认的这些信息，只要你这次购物不打算变更邮寄地址和信用卡信息的话，网页右边有“一键下单”的按钮，只需点一下订单就完成了。这大大节省了用户的时间。据统计，“一键下单”功能为亚马逊带来 5% 的额外收入，每年创造接近 24 亿美元的收益。

现在亚马逊网页上的“一键下单”已经是成熟的模式，新版的“一键下单”，即“外置按键”更加值得细细品味。例如洗衣机上面的汰渍洗衣粉商标的外置按键，假设我们在打开洗衣机准备洗衣服时，突然发现洗衣粉快用完了，这时我们只要按一下这个按键，一桶汰渍洗衣粉就已经在来的路上了，这就是亚马逊的“一键下单”。这件事情为什么有意思？首先，这个按键为什么一定要装到洗衣机上？因为人只有在洗衣服的时候，才能发现洗衣粉是不是快用完了，因此，此时是顾客购物动机最强的时候。亚马逊的基本逻辑是，在顾客购物动机最强的时候，给顾客一个毫无障碍的解决方案让其完成购买。

我们不妨对比一下当下的情况，当看到洗衣粉快用完了的时候，首先，顾客需要先在脑子里记住洗衣粉快用完了这件事儿，然后在下次去逛超市时，记得去买洗衣粉。或者，顾客可以打开手机里的京东超市、天猫超市等App，选择洗衣粉品牌和规格，再点“去结算”，然后确认地址、确认支付，这样的流程要花费很长的时间，而且还有遗忘风险。亚马逊则是在顾客购物动机最强的时候，给顾客一个毫无障碍的方案，按一下就解决所有问题。这在技术上并不难实现，它是典型的物联网应用，是一种智能家居技术，只要按钮连接到家里的Wi-Fi（无线宽带），系统知道顾客的亚马逊账号就够了，它会直接关联特定规格的汰渍洗衣粉。

也许你会问，万一这个按钮被孩子一通狂按怎么办？不难想象，如果这样的事情经常发生，那么外置按键的下一代产品一定会自带指纹识别系统。换言之，技术一定要服务于价值创造，我们必须先想清楚究竟需要解决什么样的问题，再挑选合适的技术辅助问题的解决。

国内已经开始出现类似的产品，比如饮水机上外置一个按键，当用户接水发现水快喝光了的时候，按一下就会有人送水过来，顾客不需要打电话或者上网操作，它的原理跟亚马逊的外置按键完全一致。现在这样的按键很多，不仅仅是洗衣机，打印机上也可以外置一个这样的按键，在纸快用完了的时候按一下，打印纸就在送过来的路上了。很多场景下我们都可以去思考类似的方案，但是你要思考你要创造什么价值，你想要给顾客创造什么体验，实施成本够不够低，这些才是核心问题。

亚马逊经常被模仿，但因为它一直在创新，所以很少被超越，这也是它的市值不断攀升的重要原因。亚马逊创始人贝佐斯曾说，公司在发展之后要不断地去冒险，去创新。永远都不要去跟风，去追热门的东西，定位好自己才能把握住机会。也正因如此，亚马逊的服务通常领先后来者 1~2 年，而其 AWS 甚至领先后来者达 5 年。

亚马逊还有一个产品近几年在美国大卖，就是叫作 Echo 的智能音箱，其一度在智能音箱领域占美国市场消费份额的 70%，剩下 20% 是谷歌的 Google Home 音箱，再剩下 10% 是苹果的 HomePod 和其他。现在我国也有各种品牌的智能音箱，能够进行语音交互和音频播放。

但亚马逊发布的 Echo Show 音箱带有一个摄像头，它可以当作电子相框，可以支持用户进行视频通话，还可以在家中无人的时候当一个监控使用。它的摄像头可以监控房间里面的情况，用户只需口头发出指令就可以对它进行操作，你可以让它播放特定类型的音乐，其中内置的语音识别系统技术能让它在播放音乐的同时，还能判断你说的话想表达什么意思，这其中有很多专利技术在做支撑。

但是支持视频通话，用作电子相框，播放视频，通过语音指示提供服务等，这些都是它的一些常规功能。其实它的重点是为 Amazon Prime 服务导流，Amazon Prime 是亚马逊的金牌会员系统，它的金牌会员可以享受优惠和优先的配送等福利，只有 Amazon Prime 会员才可以买这款音箱。这款音箱并不贵，只要 100 多美元，显然，亚马逊并不想靠硬件赚钱，因为亚马逊金牌会员的会员费才是其收入的重要组成部分，所以它只是在拿一个有趣的硬件来拉动会员增长，硬件只是服务于更大的生态系统，这非常值得我们思考。

现在智能音箱的发展，已经与智能家居打通，智能音箱成为很多智能家居的“调控中心”，就像是一个家庭的大管家，亚马逊的智能语音助手 Alexa（阿利克夏）是最早推出消费级智能家居的平台，而可以通过 Echo 控制的智能家居设备已经超过 20 000 个，当然，这些设备都可以在亚马逊上买到，而谷歌以 Google Home 音箱为入口的 Google Assistant 平台，支持的智能家居设备仅有 5 000 多个，但这也远超以内置 Siri 的 HomePod 音箱为入口的苹果 HomeKit 平台。这就是我们说的更大的生态系统。

亚马逊在 2017 年收购了全食超市，它是美国最有名的高端有机食品品牌。在亚马逊收购了全食超市之后，沃尔玛的股价应声暴跌，因为亚马逊走入线下，当线上和线下联动时，其会产生更大的竞争力。类似的，阿里入股银泰、大润发等，也是在线下做布局，例如大家比较熟悉的盒马鲜生。

但亚马逊的线下零售和 Echo 音箱有什么关系？亚马逊未来要做的就是你可以躺在床上对音箱说："我渴了，请给我一瓶水。"你们家附近的超市或便利店就会自动给你配送一瓶水。如果说前面的"一键下单"按键还是要你去按一下的话，那么有了智能音箱和线下零售店的联动，你只要躺着说出指令就可以了。

换言之，如今怎样满足人们"懒惰"的需求是一个非常重要的创新趋势。顺着这个思路，我不禁想起日本发明的一款洗衣机，这款洗衣机洗完衣服会自动进行烘干，这点并不新奇，很多洗衣机都可以做到，但关键是这款洗衣机还能自动把衣服叠好放到衣柜里，这绝对是家庭主妇的福音。现在很多产品都遵循这样一个创新趋势：怎样让人更方便。回到我们之前一再传达的观点，那就是"技术本身一定要服务于你想创造什么样的体验"，这才是核心理念。

当然，从另外一个视角看，技术进步也是提升服务效率的重要推手，它使很多前所未有的模式成为可能。

首先，技术进步促进了云计算的成长与带宽成本的下降。未来大量的商业场景都会全面向云技术迁移，其将很快颠覆一些现有模式，正如网飞公司从租赁实体DVD（高密度数字视频光盘）全面转型为线上视频提供商一样，近期谷歌的Stadia和苹果的Arcade订阅服务的推出，拉开了“云游戏”颠覆索尼与任天堂等单机游戏和高端电脑游戏的序幕，在这个新的市场机会面前，深耕云服务的亚马逊和微软也同样在摩拳擦掌，它们的云游戏同样呼之欲出。

当然，以云的中心存储方式为核心的服务只是方向之一，根据高德纳咨询公司预测，到2022年，随着数字化业务和物联网的发展，75%的企业数据将会在中央化的云或者数据中心之外的边缘场景产生和处理，而在2018年这一比例还不到10%。边缘计算与5G（第五代移动通信技术）、云计算等技术的共同发展，将促成微观服务体验的重大变革，一系列智能算法将更好地融入生活。换言之，云服务与边缘计算的相映生辉或者相辅相成，都是服务系统进一步向着精益化、快响应的趋势发展的基础设施革命，其本质目标依然是创造前所未有的用户体验。

其次，随着极致定制化服务的普及，如何在“多品种、小批量”的场景下保持准确、高效地运转，是一项高强度且高难度的战役。例如，美国纽约的Dig Inn餐厅的客人可以在线从三种打底食材（一种绿色蔬菜和两种谷物）、10种小菜和6种蛋白质食品中进行选择，这就产生了810种组合，如何在高峰期订单海量涌入的时候保证食材按照订单精准地打包到餐盒中，如何保证不同菜品的温度不会统一变成室温，这都给管理带来了巨大的挑战，专用的定制软件成为必需，甚至催生出了如ChowNow（在线订餐服务平台）等专门为餐厅赋能的软件供应商。日本外卖之王玉子屋餐厅则通过随着外卖发送未来 7 天之内的纸质菜单的方式，降低定制化的难度，做到精准备料和精准配餐，在只有一家店的情况下创造了一天售卖 13 万份外卖的奇迹。

"高效"已经成为一种产业，在价值链中被细分出来。当然，为了"高效"，仅仅依靠软件的手段已经不够了，在厨房里设置专门面向外卖的生产线（如美国沙拉快餐连锁店 Sweetgreen）、在送餐途中的卡车里烹制比萨饼（如比萨公司 Zume Pizza）等做法也就不足为奇了。因此，从制造业诞生的工业工程学科正在全面进入服务业，通过运筹学和精益管理等方法提升服务效率和服务质量的实践比比皆是。

线上还是线下？

线上线下是一个非常火的题目，像"双 11""618"等特殊的日子，都是线上平台"创造"出来的节日。这些线上的平台让各种线下实体店受到了严重冲击，但是直到今天，线下的实体店并没有完全消失。

那么把它们对比一下，线上零售的优势是什么？显然其第一个最突出的优势就是方便以及可以随时下单的便捷性；第二个优势是线上商品相对便宜，为什么便宜？因为它不需要实体店的店面，不需要像实体店面一样雇用销售员；第三个优势是其有丰富的选择，一家传统的线下实体店可能摆放不下那么多东西，想要有足够丰富的选择顾客往往需要逛更多的店面。

然而，让我们关注一下天猫超市的电商页面，其主要的发展方向是准确分类、高覆盖度和个性化推荐，在真实体验方面的发展则非常缓慢，页面布局仍然是左边为商品的分类，右上角有一个搜索框。

尽管受到强烈冲击，但实体店为什么还没有消亡？实体店的优势是什么？最重要的一点就是其提供的体验更好，实体店里的东西你是看得见、摸得着的，是能在感受之后再判断是否合适、是否购买的，这是实体店的优势。通过线上和线下各自的优势对比，我们能在一定程度上预判两者的发展趋势。

在美国，像亚马逊这样的电子书店，已经使得传统的像巴诺书店这样非常好的线下书店的经营非常困难。如果巴诺书店也像亚马逊一样，弄一个在线的网站卖书，事实上巴诺书店也这样做了，那么可能发生的情景是，顾客在巴诺书店的网站上买书时拿到书的速度会更快，这是为什么呢？因为它在线下离你家很近的书店里恰好就有这本书，这时候离顾客最近的巴诺书店的实体店就会把书送过来，这样就比亚马逊从中央仓库寄快递给顾客要快得多。

综合判断，线上和线下将来的趋势一定是融合和相互靠拢的，二者不再是泾渭分明的绝对线上和绝对线下。因此，我们不妨分三种模式对其进行探讨：线下向线上靠拢，线上线下融合，线上向线下靠拢。

线下向线上靠拢

线下胜在体验，主要在于实体感，但是如何能够把线上丰富的信息拿来进一步增强线下的体验呢？随着技术的发展，我们现在有了新的突破机会。

首先是谷歌眼镜，虽然谷歌眼镜项目在谷歌内部失败了，但是该研发团队继续在做这方面的事情，现在微软、宏达电公司等都在研发这种眼镜，而这种眼镜就是近几年风投特别喜欢的增强现实（AR）方向的最主要代表。

增强现实能做什么？假设我们路过一家从来没吃过的餐厅，如何确定我们愿不愿意进去吃呢？大家现在可以借助的手段是用手机打开大众点评 App，查一下这家餐厅大家打多少分，都喜欢吃什么菜，评价如何，然后决定进不进去，这已经融入了我们的生活习惯。之前我去韩国的时候，路过一家餐厅，不知道好不好吃，打开大众点评后发现没有这家餐厅的信息，就不知道该不该去吃，可见这种解决方案融入我们习惯之深。但是有了如谷歌眼镜般的增强现实技术之后，我们再路过一家没有吃过的餐厅，就不需要像之前一样操作了，当我们看到餐厅的时候，眼镜会通过摄像头识别出这家餐厅是哪家，然后自动到网上把类似于大众点评中的点评信息抓取下来，叠加到镜片上。也就是说，我们在看到真实餐厅的同时已经有一些信息在显示大家给它打了多少分，大家都喜欢吃什么。这听上去很像以前科幻电影里机器人才有的神奇能力，看到一个场景画面上会叠加一些数字，这就是增强现实，也就是把线上的信息抓取下来，增强我们对线下的感知和体验。

还有一个重要的技术会给我们身边的服务带来革命，那就是像苹果 iBeacon 这样的室内定位技术，如图 3–4 所示。目前的 GPS（全球定位系统）主要用于室外定位，在室内定位的话目前还无法达到期望。高德也在开发一些室内定位的技术，目前主流的室内定位技术是基于蓝牙或者 Wi-Fi 的，这种技术的核心是手机里面的芯片可以直接和接收器通信，而不受实体如墙或柱子的影响。

图 3–4　iBeacon 定位

图片来源：http://www.sohu.com/a/63665578_120731

室内定位技术可以极大地增强线下店的体验。在没有这项技术时，一家零售店或餐饮店，需要有服务人员一直在门口等着，当有顾客经过店门口的时候引导他进去，否则商家无法知道是否有顾客路过店门口，更加不会知道顾客的喜好，是喜欢川菜还是喜欢日本料理。

有了室内定位技术后，只要手机开着 Wi-Fi，你路过的店面就可以直接跟你通信，甚至可以定制化地向你投放广告，知道你喜欢什么，针对你喜欢的菜品打折以吸引你进店消费。未来的室内定位技术必然进入这样的智能化阶段，线下实体店能够通过信息的手段，而不是靠人的直接接触，就可以和经过的顾客发生交互。这是一个典型的线下向线上靠拢的场景，线下的实体店可以利用线上的信息来精准服务、增强体验，这一点非常重要。

还有一个更现实的应用场景，在火车站里，尤其对不太经常去车站的旅客来说，通常令人困惑的问题是“我在哪儿，接我的人又在哪儿”。当火车站是上海虹桥站、北京南站这种多层超大复合体时，旅客甚至搞不清自己在哪层，也搞不清接站的人在哪层。现在微信可以发送位置，大家能够根据位置的移动相互找到，但这只适用于同层的室外区域，而无法解决上面的问题，在这样的场景下室内定位技术就非常关键。

因此，室内定位与导航技术跟增强现实技术一样，都是线下实体向线上靠拢的关键技术。

乍一看图 3-5，映入我们眼帘的是一扇窗户，窗外是美丽的海岸线，我们听着海浪的声音，看那潮起潮落、风光旖旎，俨然是美国加州一号公路旁的实景。然而，这其实是海尔开发的显示器，它只是长得像窗户。如果我们把这样的“窗户”嵌到实体店的墙里，在旁边摆上一个桌子，就会带给顾客在加州一号公路边看海景边用餐的体验，当有的顾客不喜欢海景而喜欢古建筑时，场景也可以立刻切换成罗马的西班牙广场或巴黎的埃菲尔铁塔夜景。

这种技术可以被认为属于“泛在显示”的范畴，同样用来增强线下体验，且这些信息都来自线上，即这些线上的信息通过这些设备用以增强线下体验。

图 3-5 海尔显示器

线上线下融合

第二类解决方案，就是把线上线下融合。

苏宁采用的就是这种方案，即将苏宁易购和苏宁的线下店相结合，实体店变成体验中心。在实体店里挑选好的商品，最终还是要到网上下单。有一次，北京的雾霾比较严重，我去苏宁的实体店里选购一款空气净化器，看好之后我要立刻购买，店员说："不行，你不能拿走，只能到网上下单，我给你配送，店里是没有库存的。"苏宁的实体店不再设库存，它的实体店只是顾客的体验中心，所有的订单则需要在网上购买完成。这是一种新的线上线下同价，线上线下同步的模式。

同样，美国的服装品牌 Bonobos 的线下店也完全是"试衣间"（取名为 Guideshop），顾客通过预约获得一对一的"指导员"服务，所有衣服的尺码都是全的，但是顾客不能现场购买，而是要在网上下单并等待包裹到达。创始人安迪·邓恩表示，消费者来到"试衣间"体验之后，其购买的商品数量会增加 75%，最大的原因是顾客得到了虚拟网络无法提供的人性化的服务和体验。

当然，简单的线上线下结合的模式能否在各种场景下均有效促进产品销售依然有待观察，在刚推行这种模式的时候，苏宁曾深陷线上线下的冲突：网购业务发展慢于预期，半年盈利同比下降 20%~30%。

线上向线下靠拢

我们提到过线上体验的缺憾，那么如何让线上的体验像线下般真实呢？

这里不妨讲一下美国的一款游戏——《第二人生》。玩家可以在里面构建城市，修建自己的房子、家具，决定自己人物的穿着等，跟生活相关的全部内容都可以根据自己的喜好去定义，然后玩家就可以生活在自己喜欢的世界里面，所以叫《第二人生》。这款游戏有超过 3 600 万个注册用户，截至 2017 年年底仍然有 60 万个活跃用户“生活”在里面，这里像一个小城市一样。

当游戏的用户数发展到一定程度的时候，有趣的模式出现了：丰田汽车在游戏里开了一家 4S 店（采用“四位一体”为核心的汽车特许经营模式的店）！玩家可以在游戏里试驾最新款的丰田汽车，夏威夷大学的研究人员甚至还跑到游戏里面“修”了一座城市，在道路中设计了交通信号灯，然后通过玩家在游戏中的开车行为去研究大家现实生活中的驾驶行为，研究交通的学者居然也跑到这样的虚拟平台上去，这就是虚拟现实，也是近几年风投在增强现实之外的另一个非常关注的领域。虚拟现实是一个能使线上向线下靠拢去提升体验的非常好的方法，这样的平台能够证明它的商业价值。

我的智能服务实验室在 2012 年也做了相关的研究和开发。图 3-6 中，左右两边是我的两位学生，两人在各自的宿舍里分别面对着一个屏幕，屏幕连着微软的 X-box 游戏机的体感摄像头，他们在各自宿舍的摄像头面前做走动的动作，然后其相对应的人物就能够在一个虚拟的购物商场里逛街买东西，他们还可以实时语音通话，对某一个商品加以讨论。一般来说，人们在线上买东西时不管是用手机还是用电脑，都是很孤独的，自己掏出手机独自进行挑选，但大家在线下买东西时，通常会拉着朋友一起去，让朋友给些意见或者大家一起聊聊近况，线下购物是一种有趣的社交体验。因此我们通过这种方式去模拟线下购物的体验场景。

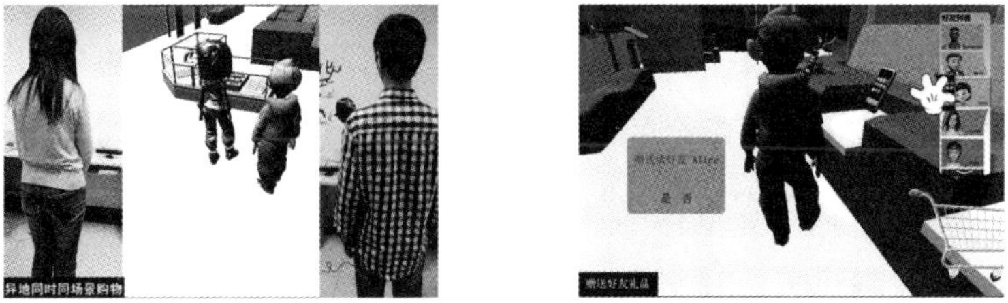

图 3-6　虚拟商城购物

线下朋友之间对商品的评论带来的那种有趣的体验，可能会极大地促进消费。我们的研究就是让两个真实的人在完全隔离开的场景下，在一个虚拟平台上一起买东西，从而模拟线下购物的社交体验。场景可以任意切换，当你不愿意在北京的商场买东西时，场景可以切换成法国老佛爷。

再来看另外一个场景，在计算机的虚拟世界里，右边的男孩在虚拟的商场里看到了一部苹果手机，他可以抓起来 360 度旋转去全方位地看手机的细节，旁边则有一串人物的头像，这些头像都是他的好友，他把“手机”往谁的头像上一扔，在真实世界里，一部真正的苹果手机就已经在寄给这位朋友的路上了，这就模仿了线下的送礼环节。在 2012 年这是非常领先和有趣的尝试，也因此参加了大学生科技创新的展示，当时国际商业机器公司的一位产品负责人很快联系到我们，希望可以将这个设想迅速商业化，并告诉我们，他们在家居市场位居前列的客户特别喜欢这个设计，希望这一创意能够让用户到网上在这样的场景下逛家具店。这就是虚拟现实技术使线上的购物体验向线下靠拢的例证。

无论是线上向线下靠拢，还是线下向线上靠拢，都可以归为更广义的线上线下融合的一部分，将优势整合起来的力量是可观的。腾讯的智慧零售板块开始致力于将微信公众号、微信支付、小程序、腾讯云、社交广告、企业微信和泛娱乐 IP（知识产权）这 7 大资源打包成“工具箱”，为传统的零售商赋能，例如，2018 年 5 月，在家乐福首家智慧门店“Le Marche”推出后，消费者的热情超过预期，门店销售业绩比预计高出 40%，这就得益于腾讯智慧零售“工具箱”的使用，包括“人脸识别付款”“IP 互动引流”等。可以预见，社交与零售的深度融合，辅以人工智能及运筹学技术融入服务流程，将真正引领线上线下无缝融合的全新体验。如此说来，“新零售”才刚刚登场。

第 4 章　资源视角

让信息成为资产

信息在服务中的价值是什么？驱动业务流程、支持数据分析，这些显然都是信息之于服务的重要作用，然而，更能凸显信息价值的视角，应该将其视为资产。

举一个 UPS（美国联合包裹速递服务公司）的例子，我在与 UPS 大中华区负责人交流的时候，曾问过他一个问题："UPS 公司是国际快递物流行业的标杆企业，但你们在进入中国市场之后，怎么跟中国的物流企业去竞争中国制造业的这些客户，尤其是中小型客户？"我的言外之意是，这些中小型客户对物流成本是非常敏感的。UPS 公司是国际巨头，身段比较高，如何来竞争中国市场？结果这位负责人说："我给你举一个例子，广东有一家中小型珠宝首饰制造商，我们在去跟它谈的时候，说我们可以用欧洲和美国几十万、上百万的用户信息，帮助你开拓海外的销售市场，同时我们的供应链金融部门，可以帮你做跨境的供应链金融，帮你解决资金的问题。这个时候物流的那点儿成本已经不算什么了。”

这给我们一个很大的启示，当你跟竞争对手玩的是同一个游戏的时候，最终很可能会掉进价格战。但如果你跟别人玩的根本不是同一个游戏，那么很可能议价权就抓在你手里。UPS 公司的做法就是典型的利用它在海外的客户信息作为开发市场的资源，辅以资金优势，而不再在简单的物流运输服务的层面上竞争了，这时候它就可以占据优势。

什么叫利用信息资产？就是我们要时刻注意自己的信息应该被如何开发利用、如何创造价值。

美国知名的信用卡公司 American Express（运通卡）会把用户大量的刷卡记录，进行一定的脱敏处理，然后将之卖给零售商。此事说起来有些蹊跷，像沃尔玛这样的零售商，理论上应该握有大量的数据，为什么还要向运通卡买数据？

我们设想一下，像沃尔玛这样的零售商，它能采集到的数据，似乎都是用户在沃尔玛发生的消费记录。但问题是，用户从沃尔玛出来之后又去了谁家？用户去哪间餐厅吃了饭，又去哪里看了电影？谁能更多地知道用户的所有这些事？那便是信用卡公司。大数据时代，零售商经常做的一件事情叫建立用户画像。用户画像是指拼凑用户更完整的一些行为和属性，需要更丰富的信息才能做到。只有信用卡公司能够掌握用户更多的消费活动（在中国，可能是微信和支付宝），所以这些数据对零售商来说非常有吸引力。

因此，大数据不在于多少，它不是一个体量的问题。更加关键的是这是什么数据，它能给你贡献什么价值。

亚马逊等电商企业的推荐系统，会利用用户的历史消费记录、浏览记录，筛选和该用户类似的人，运用一套协同过滤算法进行分析，看看类似的用户购买了什么，浏览了什么。当用户下单买了一些东西之后，它就会迅速去分析同类型用户还会对什么商品感兴趣，进而给这些用户推荐这些商品。亚马逊在业内有“推荐系统之王”之称。麦肯锡在零售业的研究报告中提出：亚马逊商城 35% 的销量源于它的推荐系统。[①]《财富》杂志提到，经由亚马逊的推荐系统推荐以后，用户购买转化率高达 60%。[②]

近些年，我们都在讲大数据，大数据能做到什么？我们举两个例子。第一个例子是京东和努比亚（Nubia）合作推出的一款手机 Z5mini 大获成功，成为努比亚的销售担当。2017 年，努比亚红魔电竞游戏手机作为京东大数据赋能、反向定制的游戏手机，成

① Mckinsey.how-retailers-can-keep-up-with-consumers[R].https://www.mckinsey.com/industries/retail/our-insights/how-retailers-can-keep-up-with-comsumers, 2013-10.

② JP MANGALINDAN.Amazon's recommendation secret[R].https://fortune.com/2012/07/30/amazons-recommendation-secret/, 2017-07-30.

为其第一款游戏手机爆品。在 2018 年京东“努比亚品牌日”上，Z18mini、红魔电竞游戏手机在京东独家首发，创造了包括努比亚 Z18mini 在内的多款热门机型 10 秒销售破千万以及当天销售额达到了近 30 天内日均销售额 12 倍的成绩。其中，红魔电竞游戏手机 37 秒销量破万台，成功开启了游戏手机大爆发的时代。

这款手机有趣的地方就在于它的设置，包括芯片、屏幕尺寸、摄像头分辨率等，所有的这些属性参数都是京东在挖掘在京东平台上购买手机的用户的消费选择之后，发现了大家的偏好，发现了大家喜欢什么样的配置，然后把这些配置放到一起，开发的一款手机，那么这就应该是更多人喜欢的一部手机。

与此类似的是，美国有一部美剧叫《纸牌屋》，为什么它能够大获成功？它的拍摄公司是网飞。网飞在投资拍美剧的时候，就在看有哪些老的美剧还在被人点播，结果发现 20 世纪 80 年代有部美剧叫《纸牌屋》在当时还有很多人看，然后它又分析，还在看《纸牌屋》的这个群体最喜欢的导演是谁、最喜欢的男演员是谁，并请这些导演、演员一起来翻拍，结果这部剧颇受好评，在 40 多个国家掀起了收视狂潮，成为在网飞覆盖的所有国家中收视率最高的电视剧集。

这两个例子告诉我们什么？大数据的魅力在于从海量数据当中挖掘出关于用户的一些关联、一些模式，继而围绕用户的偏好设计产品，这样做出来的东西就是大家喜欢的。

但是，大数据同样应该“有所为，有所不为”。我们同样需要探讨一下，大数据做不到什么？

大数据天然的缺陷是：无法做到“超越顾客”。

大数据分析的数据都是什么数据？都是过去已经发生的数据，都是顾客的历史和现状。为什么说大数据做不到超越顾客呢？因为连顾客都还不知道的那些事儿，大数据是不可能发现的。

怎样超越顾客？设计思维有一些方法可以做到（详见第 5 章）。所以我们一定要了解大数据，但它绝不是“万能药”。

当然，大数据的应用对于提升服务还是能够带来不少帮助的。以拉斯韦加斯的赌场为例，在十几年前，拉斯韦加斯赌场里的老虎机都是投币模式，拿一些一美元的或者 25 美分的硬币扔进去，拉动手柄，如果赢了老虎机就会掉出一大堆硬币，发出叮叮当当的声音，在大厅里此起彼伏，很是响亮。后来，突然间拉斯韦加斯赌场里的老虎机全部不再投硬币，而是使用储值卡，这就类似于顾客往会员卡里面存了钱，然后把卡插到机器里开始玩，如果赢了，机器就会发出模拟硬币掉出来的声音，其实只是改变了卡里的数字而已。当时我们可能认为之前掉硬币的游戏体验似乎更好，为什么要变成插卡的模式呢？

假想一下如果一位玩家在赌场玩了一下午老虎机，自己的钱快输光了都没赢几次。我们不妨揣摩一下这位玩家的心情，他一定非常沮丧，甚至非常气愤，恨不得要愤然离席，发誓再不来赌场了。这时候，赌场派来了一位大堂经理，恭恭敬敬地说道：“这位先生，我们尊贵的客人。您一定玩得比较累了，我们酒店送您一张免费的海鲜自助晚餐券，您要不要到楼上先去吃一顿自助餐？”那这位先生很意外，没想到还有免费自助餐可以享用，于是就去体验了一顿丰盛的海鲜大餐，吃得非常开心，一下子就忘记了下午输钱的痛苦。他吃完之后又会做什么呢？到楼下继续赌。现在我们知道赌场的老虎机为什么要换成插卡式了，赌场通过储值卡系统可以随时掌控每一个人在玩哪台机器，玩到什么程度了，钱输得还剩多少，有没有赢过，还是一直在输。当推断出玩家的心情可能会非常沮丧或气愤的时候，系统就会给玩家一些补偿，随后玩家转忧为乐，回到赌场继续赌。

信息系统提醒我们，现在的信息化技术给我们创造了前所未有的机会去更多地了解顾客。此时，我们的服务方式就不能停留在传统的管理模式上。当我们能更好地掌握、观察到顾客的心理状态的时候，我们就能进行更加及时而有效的过程干预。

另外一个例子是美国的塔吉特连锁超市。塔吉特的商业职能部门会做非常完整的大数据分析，其中专门有一项针对女性的怀孕指数测试。测试根据女性用户购买的商品，就能分析出用户是否已经怀孕，甚至能推算预产期，这完全是依靠购物行为而进行的预测。其大数据分析技术从孕妇这个细分顾客群开始向其他各个细分客户群推广。2002—2010 年间，塔吉特的销售额从 440 亿美元增至 670 亿美元。这意味着服务提供商对顾客的观察和理解已经进入了一个全新的时代。

从信息利用的角度，UPS 是更加综合的例子，通过 UPS 的一些做法，我们能够梳理出一些底层的原理。

UPS 在全球每天大概有 2 120 万个包裹，并且这一数量仍在增长的过程中。当然，时至今日，这样的包裹量在中国已经不算什么，一天达到 2 000 多万个包裹已不鲜见。中国的快递业发展得非常快，但是如果将 UPS 自己拥有的飞机独立出来成立航空公司的话，其会成为世界第九大航空公司。UPS 自己有非常多的货运飞机，还有 10 多万辆卡车。此外，它还有一个叫作世界港的分拣中心，其面积相当于 43 个足球场，每天大概处理 32.4 万个包裹，每个包裹平均在传送带上走 8 分钟，公司有大概 100 英里①的传送带。然而，世界港分拣中心只有几十位员工，人数非常少，因为分拣流程绝大多数都采用自动化控制。

我们重点分享 UPS 几个有趣的做法，其中充分体现了工业工程的思想。第一个有趣的做法叫 DIAD，也就是快递的手持终端。

UPS 是全世界第一个使用手持终端的快递公司，当然，它自己并不会制造手机终端，其终端是由摩托罗拉来制造的，但是终端设计是由 UPS 根据自己的管理流程需要提出的，最终由摩托罗拉生产。

2002 年我去美国读书的时候，快递员上门会拿上一个很大的手持终端，上面有一个电子笔供客户签字，签收之后，快递员会把终端拿到卡车上，往卡槽上一插，数据就会传到 UPS 总部，确

① 1 英里 ≈1.61 千米。——编者注

认包裹已经被接收了，这给我留下了深刻的印象。

甚至卡车司机从开始一天的工作到他完成当天所有的任务，应该先送哪个包裹、走什么路线，都由手持终端规划，一切都是 UPS 的超级计算机算出来的。有一次，在我把 UPS 亚太区的一位 IT（信息技术）总监请到清华的课堂上交流的时候，他表示，在 UPS 当快递员特别简单，只要会开车、会停车就行。因为所有的路线都计算出来了，快递员都是通过手持终端来工作的。

直至今日，手持终端甚至手机 App 已经变成行业中的标准，几乎所有的快递公司都是如此。最早的实践者 UPS 却是出于自己的管理需要，设计了这样一个设备，然后委托摩托罗拉开发，UPS 最终将其融入自己的服务。因此，从服务创新的角度看工业工程，首先，我们要思考如何创造价值，也就是先有在管理上创新的想法，才会有相应的信息化技术去实现和支撑。这就是工业工程和 IT 的关系：我们应该用工业工程的思想和方法来提升运营管理，这就是用 IT 实现和支撑工业工程的思路。这也是为什么 UPS 有非常多的高管都是工业工程出身，包括苹果现在的 CEO 库克以及沃尔玛 CEO 都是工业工程专业出身的。

DIAD 发展到下一个版本，同样是 UPS 独创，2011 年，UPS 推出了下一代仓库使用的扫描设备，传统的扫描枪是一个很大的装置，现在 UPS 把它变成一个指环式的扫描枪，员工可以直接像戴戒指一样将其戴在手指上扫描包裹。我们不妨思考一下，相比之前的大块头，指环式扫描枪有什么优势？为什么要将其设计成一个戒指？答案就是这样可以在操作中解放一只手，方便操作员双手操作。如果是之前的扫描枪，操作员就需要把它揣在某个地方，然后拿出来进行扫描操作，扫描完毕，还要再把它放回去。但如果是指环式的扫描枪，操作员就可以完全双手操作，不用在意扫描工具的取放。所以 UPS 的优化已经考虑到了每一个动作：能不能减少动作上的浪费？为了减少浪费，要开发什么样的技术？这些需求决定了会有什么样的装备设计出来。这就是工业工程引领 IT 的逻辑。

第二个有趣的做法来自 UPS 和东芝笔记本。在美国如果你购买一台东芝笔记本，发现是 UPS 送到家里的，这就很正常，第三方物流都可以做这件事；在你的东芝笔记本电脑坏掉并报修之后，你会发现还是 UPS 去你家取件，这好像也正常。最有意思的在哪儿？ UPS 在把这台坏了的笔记本拿走之后，根本没有送给东芝，而是直接拿到自己的技术中心，修完了给你送回来。这就有趣了，为什么是 UPS 来“越组代庖”修电脑，而不是东芝？

我们不妨思考一下，如果东芝笔记本想要在美国运营一个维修网络的话，它就要选若干个维修中心，雇用一批专业人员，然后让 UPS 把笔记本送到这些维修中心来修，修完再送回去。这是一个我们能够理解的常规模式，但是问题在于，如果东芝自己来干这件事，它就需要养活这几个维修点，还要养活这些维修人员。而如果 UPS 技术中心的维修人员会修东芝笔记本的话，那么是不是稍加培训，他们就可以修索尼、修戴尔，修各种各样品牌的笔记本呢？此时第三方物流就变成第三方维修了。

这就引发了我们对于一个非常本质的问题的探讨，为什么要有第三方物流？这是最为初始的视角。为什么不是每个企业建立自己的物流？单靠一家企业自身的物流需求，无法养活一个完整的物流网络，或者说成本太高。第三方物流的运行原理就是把各个企业的物流需求整合起来，变成一个网络，各家企业的需求聚合在一起，更容易形成规模，更容易形成回路，因此第三方物流有足够的利润空间来维持自身的高效运转，这就是第三方物流存在的本质原因。同样，UPS 做第三方维修的道理也在于此，UPS 不仅能修东芝的笔记本，还能修其他品牌的笔记本。当把大家的维修需求整合起来的时候，UPS 做第三方维修就比单一品牌的维修网络要合理。

类似的，UPS 还有一个很有趣的实践，就是前几年特别火的概念——第四方物流。第三方物流帮助客户承担运输、仓储等物流任务，那么第四方物流是什么？实际上，第四方物流就是帮客户协调管理整个物流体系的一项业务，UPS 给哈雷摩托干的就是这件事：哈雷摩托所有的零部件进场物流和所有的厂内物流，以及哈雷摩托的产成品到零售端末端配送的物流全部由 UPS 来协调组织，这就叫第四方物流，即管理物流。物流企业比用户更专业，于是，在这种模式下，制造业企业可以专注于自己技术的迭代、工艺的改进，专注于产品的设计，物流部分则全部交给第四方物流，所以这是一个更加深度的服务，一个更高的境界。

第三点有趣的做法是路径优化。我们提到，UPS 有 10 多万辆卡车，而且每一位卡车司机都拿着手机终端，它会指引卡车司机先去送什么，再去送什么，走什么路径。这个路径规划甚至考虑了实际交通状况。单单是路径优化这一项，UPS 就需要运筹学团队，用庞大的超计算机计算能力，加上多年的复杂的路径优化算法的开发和演进做支撑［详见 INFORMS Edelman 奖（国际运筹与管理科学学会最高奖项）关于 UPS ORION 项目的介绍］。这一优化每年能给 UPS 的 10 多万辆卡车节省 3 000 万英里的行驶里程，创造了奇迹。我们想象一下这可以节省多少燃油和人工，减少多少车辆的损耗。而这些全都依靠计算机算法。路径优化也成了 UPS 企业现在的核心竞争力之一，据说有 1 000 多家企业在使用 UPS 的路径优化软件，UPS 成功将其变成一个新的业务板块。

我们不妨分析一下，UPS 是根据自己的需要——降低成本、提升管理，不断开发它的路径优化算法和软件。在做成行业标杆之后，其设计的软件居然成了一个产品卖给别人，让别人一起使用。再次回归我们的主题：我们需要先有管理上提升、改善的想法，再来主动引导新信息技术的使用和开发，最后在将之做成标杆后甚至可以将其打造成为新的产品。

第四点有趣的做法是分拣中心的优化。刚才我们说过，UPS 世界港分拣中心的包裹处理效率非常高，我们以一个细节为例来体会一下 UPS 的系统设计：每一个包裹在最后离开分拣中心的时候，会被打上一个特别的标签。这个标签非常有意思，是由一个叫作 PAS 的系统（可以理解为预装辅助系统）输出的。比如，路径的编码处写着“R101”，这就意味着这个包裹由负责 101 号路径的卡车配送，接着后边有一个独立的号码，比如，“23”就意味着包裹在 101 号路线的卡车上的第 23 号货位。这非常值得我们思考。在我们常规的概念中快递在到达末端时，会被堆在地上，快递员再通过搜索确认需要配送的包裹是哪一个。而 UPS 的做法是什么呢？包裹在进入卡车的时候，系统会明确指示出它放在哪一格。

此举的目的是什么？作为一个快递企业，白天可以用来配送的时间是有限的，因此它的指标通过效率体现。一天能服务多少个顾客，能送多少个点，这是需要衡量的指标。刚才提到的路径优化算法节省的是卡车的行驶时间，除了行驶时间还有一个重要的时间，那就是到了目的地之后的单点服务时间。能不能快速把包裹交给顾客是问题的关键，如果在到达目的地之后，快递员还要花大量的时间去搜索包裹，则必然会造成时间浪费。因此，这样一个预装辅助系统，让快递员在到车厢里面取包裹的时候，无须思考和判断，手持终端直接发出指示，告诉快递员去哪一格拿包裹，接下来他们只需把这个包裹送给顾客签收就可以。

UPS 用了各种各样的手段来避免白天配送的每一个环节可能产生的浪费，并且用技术手段保障整个系统不会产生浪费。所以 UPS 的 IT 系统，秉持充分消除一切浪费的工业工程思想、精益思想是利用信息资产的高级阶段，即信息服务对内能够消除浪费、提升效率，对外则可以大幅提升服务水平。

信息传递的秘诀

信息的传递、传播、交换是人类文明最为独特的标志之一，语言的出现，直接促进了人类大范围的沟通合作。在有了语言工具之后，信息以什么样的载体、形式来传递，就成了一个关键问题，出于信息传递的需要，人类社会产生了许多与之相关的服务，例如，古时候的驿站就在最早的通信传递系统中起到了支持作用；再如土耳其的以弗所古城，这个城市的公共厕所是开放式的，据称这样的设计是为了方便人们在如厕的时候彼此交换信息，传播一些八卦。时至今日，信息传递类的服务占据了我们生活中非常多的时间和资源，一大批创新企业包括谷歌、脸书、腾讯等，都是帮助传递消息、搜索信息的工具，当然，还有传统的电视媒体、纸媒等，它们都是在做信息传递的工作。

信息传递的方法，又有一些什么样的选择呢？我们以以弗所古城为例，它属于最原始的信息服务类型，即将大家聚集起来，一对一或多对多地当面进行信息的交流。像书信、电话等是典型的点对点的服务类型，当有些信息需要由一个服务主体来向很多人同时发出的时候，就会出现类似于广播这样的需求，此类服务通常是单向的。广播电视就是在传统的语音广播的基础之上叠加图像，通过不断地发展图像从黑白变成彩色，色彩分辨率不断提升，技术上又逐渐实现了从二维变成三维，它的整体发展趋势是让观众获得更接近于一种真实场景的信息传递，比如今天的虚拟现实技术，可以让人完全沉浸其中，因此从广播到电视是信息传递服务中一个趋近真实的巨大进步。

回到点对点的信息传递，邮件逐渐电子化变成电子邮件，电话系统后来搭载了短信，接着又由于互联网的普及产生了即时通信，即时通信又从文字短信息的形式发展为增加了语音及视频的形式，我们可以看出点对点的通信也在朝着不断增强真实感的趋势发展。

这两种类型的信息传递方式的基础在于连通性，信息的传递由通信广播的基础设施来提供，在连通性的基础之上不断地提升真实的体验感是一种趋势。除了这个规律之外，我们还能看到一些差异化的做法，比如把单向的传输变成双向，也就是类似于弹幕这样的形式的出现，它第一次让观看节目与视频的人有了一个即时的表达渠道，当然，这种表达之前可以通过电话反馈的方式，以比较低的效率和相对较差的效果进行，而弹幕给了每个人即时的反馈渠道，颇受年轻人欢迎。哔哩哔哩（bilibili），即 B 站就是依靠弹幕这种独特的视频体验，成为极具互动分享和二次创造的文化社区。截至 2017 年年底，B 站的月度活跃用户达到 7 180 万，用户日均使用时长达到 76.3 分钟，正式会员第 12 个月的留存率超过 79%。

另外一个类型的差异化是基于连通性，我们第一次有机会如此容易、完整地理解社交网络，人类带社交属性的活动、场景，都有机会和这样的信息传递的服务进行结合。一个比较典型的例子是社交零售，无论是通过朋友圈看到你的朋友买了什么东西，还是通过拼多多这种邀请好友共同购买、共享优惠的方式，都是线下社交体验在线上的一种体现。类似的线下社交场景还有很多，对这些场景的进一步挖掘，对信息传递类的服务商来讲是进一步推出差异化服务、提升竞争力的重要手段。

当然，这背后有一个前提条件是信息的存储以及基于信息存储进行的分析、挖掘，从而推出的创新服务。听上去这样的存储是一种必然，但事实上像 Snapchat（色拉布）这样的平台推出的阅后即焚又是另外一种差异化，它代表了一个反方向的趋势，在用户感到更多的隐私在不断被侵犯的背景下，利用这样一种反常规的方式让用户不再担心隐私问题。

可以想象，未来的信息传递服务不仅仅可以拼凑出我们的生活场景，在某种意义上说它甚至可以拼凑出我们的人生。当它能够拼凑出我们的人生的时候，其恐怕又有另外一层意义，这对我们发现人类行为的规律和社会的规律是前所未有的机会，同时给我们对于在社交信息的传递过程中的传递对象、传递信息的选择、传递信息质量的把控都带来了前所未有的机会，在这一点上我们不妨认为一些类似于交友、婚恋的匹配将会更多地与信息传递系统的智能化分析结合起来。

回到一对多的信息传递场景，在古代，由于信息传递技术的局限，很多时候思想要通过交谈或者图书才能得以传播；如今，图书依然是传播的有效手段，然而更多的平台给了每一个人发声的机会，给了每一个人进行一对多信息传递的机会。这就导致信息的供给产生了过剩，因此对信息传递平台来说，精准的匹配与营销、优秀的推荐算法以及对用户的全面准确画像变成了重要的能力。

其实对所有类型的服务来说，它们同样需要思考信息的传递问题，其一方面可以借助拥有广大用户的信息传播平台来推广自己的服务，另一方面也可以通过引导用户信息的流向，完成自身服务质量的控制及进一步服务创新机会的挖掘。因此，在未来的服务系统中，服务包概念当中的信息已经不再是简单的记录，也不再是简单的支持服务的流程，它将会在服务体验中占有更重要的份额，构建出前所未有的服务场景，真正站在用户需要的角度去理解用户，从而更好地为用户提供服务。

将优势转化为市场

在今天的服务业，优势都是脱胎孵化出新生市场的机会。

依旧以亚马逊为例，我们都知道它最早是电子书商，因此它需要存储很多书的信息，为了支持“即买即印”，它还要存储很多电子书，也就有了后来 Kindle 的书库。总之，随着需要存储的数据越来越多，亚马逊逐渐发现，自己管理服务器集群的能力变得无人能敌，亚马逊服务器的存储和计算能力，甚至超过了自己的使用需求。这时候它把自身的这项能力单独开发出来，变成了亚马逊的 AWS。AWS 发展到今天收益占亚马逊整体收益的 20%~30%，甚至连 NASA（美国国家航空航天局）现在都在用 AWS。

亚马逊是电子书商，是卖东西的，怎么会冒出来一个云服务？又是如何做到服务收益占总收入的 20%~30%，而且成为利润率最高的业务板块？这就是优势转化。也就是说，在自己的业务中，为了提升业务水平和管理水平，企业可能不知不觉地把某一个环节做得很强了。当企业在某个环节做得足够强，它的服务能力开始超出自己需要的服务能力范围的时候，企业一定要思考这项服务能力能不能转化成一个新的服务产品。

我们不妨再以物流领域举例，有一家物流企业的名气可能还没有到耳熟能详的地步，但是这家物流企业运输的商品的货值，甚至可能是物流企业的排头兵。这家企业叫准时达，是富士康旗下的企业，它之前只为富士康服务，因此我们可以理解为什么其货值很高。如今，准时达独立拆分成公共平台开始提供第三方物流服务。同样的事情也发生在京东，京东之前所有的物流体系是自建的，现在京东物流独立了出来，变成了一个公共平台，并在谋求独立生存和发展。

同样，亚马逊的第三方物流服务，其仓库的拣选能力已经超过了自身的需求，因此它把这项服务独立出来，如果你想在美国开一个 B2C 的网站，那么你根本不需要自己修仓库，因为你完全可以把商品全部扔到亚马逊的仓库里，只要你把订单扔给它，它就能帮你拣选并完成配送。这样亚马逊仓库的拓展功能就变成了一项独立的第三方物流服务。

因此，我们不妨认真地想一想，我们手里的资源，有哪些环节其实是超越了我们自己的需求，同时，这些环节的管理能力是行业稀缺的、有优势的，这个时候我们要想方设法把它独立出来，打造成一项全新的服务，这就叫优势转化。

在成长的过程中，腾讯也很好地利用了自己 QQ 平台的强大社交优势，四处出击，达到了“范围经济”的效果，实现了由社交优势向游戏等其他方向的优势转化。

此外，从更大层面的资源角度看，声誉、品牌和管理能力等方面的优势，同样可以看作资源去转化。佳沃——联想控股的农业品牌，利用了联想控股在资金实力、人才等方面的优势，尤其是在制造业管理经验的积累，进入农业这样一个传统行业，做成了独立的品牌。在很短的时间内，佳沃掌握了中国猕猴桃 1/3 以上的产量，收购了有影响力的白酒和茶叶品牌，还囊括了海外的优质的农庄、酒庄、海鲜品牌等，构筑了优质的上游资源，这也是一种优势转化。

从本质上讲，资源优势的转化也属于“范围经济”，它是服务能力柔性化的过程，从绝对的保障到绝对的共享之间，存在广阔的柔性空间。例如，欧洲老牌旅行社 Thomas Cook（托迈酷客），它除了拥有与管理旅行社、旅行团之外，还拥有租车公司，甚至有自己的飞机和度假村，这样它就能够围绕着旅行体验这个主题，让核心资源拼成链条，同时辅以其他资源从而完成规模扩张。

资源共享不是伪命题

还有一个方向叫作资源的共享，也值得我们去仔细琢磨。

分享我的一次亲身经历：2012 年，我乘坐荷兰航空的飞机去阿姆斯特丹开会。上了飞机之后，空乘人员就过来问我：“先生，您想吃中餐还是西餐？”当时我很好奇，荷兰航空的中餐能达到什么水平。于是，我选择了中餐，结果我拿到了一个非常漂亮的餐盘，上面有面包、沙拉，看上去很诱人。关键是红色的主餐盒上面赫然写着三个大字：俏江南，如图 4-1 所示。

图 4-1　荷兰航空的飞机餐食

这让我很震撼，为什么乘客会在荷兰航空上吃到俏江南的盒饭？后来想一想这是非常有道理的。首先，这对荷兰航空有什么好处？显然这一做法大幅提升了荷兰航空的中餐品质。荷兰航空如果做中餐，想做得比俏江南好吃很难。

其次，这对俏江南有什么好处？显然对俏江南来说，这是一项很有意义的品牌推广。然而，俏江南为什么不到廉价航空上去卖中餐？这就需要注意客户的群体，实际上，荷兰航空能够直接帮俏江南筛选出来一批优质客户，荷兰航空和俏江南的目标群体是相似的，所以这一点特别值得我们思考。换句话说，我们特别想要触及的一些人群，或者我们特别想得到的一些资源很可能在别人手里，如果二者有很强的相关性，这个时候我们就可以认真地思考合作。

最后还有一个问题，对俏江南来说，隐含的合理性在哪儿？对俏江南来说，送盒饭到飞机上会增加很多成本吗？显然不会。因为俏江南本身就是餐饮服务企业，其具有完整的食品供应链，与荷兰航空的合作无非是在原来的基础上单独开辟一条产品线，将制作的盒饭送到荷兰航空而已。换言之，此时的“范围经济”做到了最聪明的多元化。

大家在日常生活当中也能看到类似的案例。当去超市的时候我们一定会发现，在卖火锅相关商品的柜台，我们能看到海底捞的底料和蘸料，其道理是一样的，对海底捞来说，其本来就需要给各个城市的门店配送各种各样的海底捞底料，这样不过是将底料单独弄一个商品包装放到超市里面，当我们无意中在超市里面看到它时，把它买回家，用它做了火锅，我们又会想起在海底捞吃饭的体验，这就是一个稍微延伸的范围，既不会增加多少成本，同时又能利用一个新的资源和渠道，扩展了自己的服务，这就是一个很重要的资源共享的思路，重点还能提升客户体验。

说到资源共享，值得一提的是微信和大众点评，腾讯为什么为大众点评投入资金，却不选择自己开发一个类似于大众点评的服务？我们仔细思考一下就会发现，大众点评的核心资源是它的软件、网站、App 吗？不是的。大众点评的核心资源是它多年沉淀下来的商户信息和大家的点评数据，这些评价数据不是在短时间之内就能获取的，这些才是它的核心资产。因此腾讯的选择非常明智。它选择合作，而不是复制。恰好双方的优势可以互补，腾讯能够给大众点评带来强大的社交支撑，二者的合作就是一次重要的资源共享。

更大范围的资源共享又是什么呢？那就是以优步、滴滴出行、爱彼迎等为代表的共享经济。此时，通过平台管理，把个人的闲置资源、时间充分分享、利用起来，这是最广泛的资源共享。

爱彼迎是美国非常有名的短期住宿共享平台，发展得非常快，美国纽约的酒店业行业工会甚至直接起诉爱彼迎，因为它严重冲击了传统酒店行业的经营。国内的小猪短租之类的平台，也都采用了与爱彼迎一样的商业模式：把大家闲置的房间、整套房子整合起来，放到一个平台上，当有人想到你所在的城市来游玩的时候，就可以直接入住你的家，然后给你付钱。

但是我们需要注意的是，此类服务不是简单的信息匹配，其核心的设计点是双向的评价打分系统和信誉体系，这非常重要，区别于其他简单的信息互换服务。爱彼迎的公司总部在旧金山，创业初期，在平台上发生过房客把房东家里的东西洗劫一空的事件。此后，平台便开发了房东给房客打分、房客要给房东打分的双向评价系统。如果房客这次把房东家里搞得特别乱，弄坏或拿走了房东的东西，那么房东的负面评价会导致房客今后基本申请不到其他房东的房子。这是一个信誉体系，其中包括保险体系和一些打扫卫生的配套体系，这些完善的体系让平台产生了真正双向的互信，这样大家在选择出去玩的时候，就会把短租民宿作为自己一个重要的选择。

如果说最大范围的共享经济是面向个人闲置资源的共享，那么我们可以预见，在健康、养老、交通等其他领域，还有一些机会能够开发出这样的共享经济模式。这里面还有很大的空间。

社区有一些什么是闲置资源呢？比如老同志在家里没事，他们有闲置的时间。那这些时间可以调动起来干什么？在北京有一个创业项目，叫作“回家吃饭”。年轻人没时间做饭就可以到平台上注册一下，然后选择到谁家吃饭，老人把饭做好，年轻人到他们家吃饭就可以了，大家都是邻居，他有闲置的时间，你稍微出点儿钱，这样既可以解决年轻人的吃饭问题，又有助于增强邻里关系，是非常好的实践。所以，如果有一个好的平台把闲置的资源和时间组织起来，就有可能出现一个全新的模式。

比如，美国的客服外包企业 Directly，通过让客户变成注册专家为其他客户服务的方式，解决了服务外包企业经常面临的人员频繁流动和短期担任客服专员存在的技能不足的问题，同时，Directly 通过奖励金和信誉评分等游戏化的模式，辅以灵活的工作团队以及人工智能软件，大幅提升了其服务能力和水平。据悉，Directly 的“用户专家”平均每周收入在 200 美元左右，排名前 5 位的专家每周收入超过 2 000 美元。对某游戏平台的服务调查显示，在 Directly 替换印度外包公司以来，玩家提问的平均响应时间从 12 小时降至 10 分钟，客户满意度提高了近一倍。此外，此游戏平台的服务团队中 30% 的专家拥有高等学历，这也证明了类似的资源共享平台，不仅通过众包的方式得到了丰富的资源供给，更重要的是其为用户提供了更加优质的服务。

当然，近年来共享单车行业出现了大量创业失败、“单车坟场”之资源浪费、公共步行道路被“侵占”等问题，这些让我们对共享经济开始产生怀疑。尤其是滴滴出行的顺风车因安全事件而停摆，合法网约车之困局等，更是将共享经济推上风口浪尖。是不是共享经济存在“阿喀琉斯之踵”？

纵观历史，任何新生事物、新生模式都会带着野蛮生长式的冲动来攻城拔寨（滴滴出行一度占据了 90% 的市场份额），但是在占据主导优势之后，其依然需要回归理性，这表现在三个方面：第一，资本盛宴支持下的“补贴大战”之后，持续的赢利能力作为必解之题将对企业的运营水平和持续创新能力提出挑战；第二，共享经济是典型的平台模式，企业对双向客户（对滴滴出行来说，指司机和乘客）的服务能力将成为终极考验，如何深度共情客户，将不再简单地以科技高下而论，这需要管理者破题；第三，利用"范围经济"迅速扩大赢利空间而降低平台的公共设施（包含技术和人员）成本，是国际上普遍在探索的道路，例如，优步在共享出行的基础上拓展了火速送（Uber Rush）以竞争包裹配送市场，又开拓了优食（Uber Eats）以竞争快餐递送市场，而这三类业务在其内部平台上是完全可以共享资源的。

因此，资源共享本身是比共享经济更宽泛的概念，想要做好共享经济，不能只停留在表面意义上的共享，而是要更加深入思考共享的范围（外部和内部），共享的痛点（匹配与持续性）以及共享的演化（乐趣与精益）。

第 5 章　需要视角

依据服务主导逻辑，服务最重要的无非是满足人们的需要。

如何从顾客的需要探究到顾客的需求，如何让顾客从满意达到惊喜？如何真正做到让顾客参与进来，最终超越顾客的期待？我们将在本章探究这些问题的答案。

从需要到需求

我在 2015 年的一篇论文里提出了从需要到需求模型，如图 5-1 所示。作为服务的管理者，我们经常会关心用户的需求，例如我们观察到一位用户，他去这家餐馆吃饭了，他去这家影院看电影了，从餐厅和电影院的视角来看，这些叫作需求（demand）。

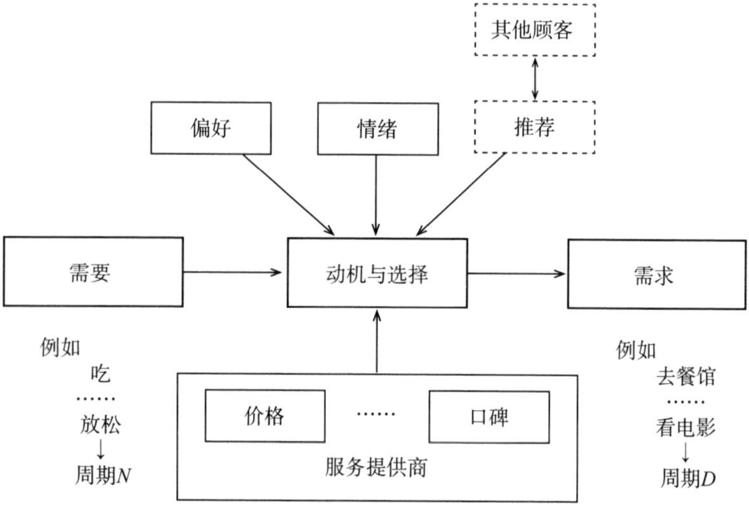

图 5-1　从需要到需求模型

但是我们为什么会去餐馆吃饭？吃饭的本质是什么？其本质上是我们有需要，即吃的需要；我们去看电影，是因为我们要放松一下，放松是我们更加本质的需要。在现在的风投领域中，评价一个项目值不值得投，大家经常会用一个词来评判：高频入口。也就是这个项目要做的这件事情，对用户或消费者来讲，是不是高频率的需要，还是说一年只有一次的需要？显然，更高频次的入口是更值得我们关注的，其具有更大的价值。

如果我们想对比需要和需求，那么哪一个的频次更高呢？显然，需要的频次更高。需求是指我们去某家餐厅，可能一个月只去一两次。但是吃这件事情，我们一天就要吃三顿，甚至有行为学研究发现，人平均一天关于吃什么东西的决策多达 227 次。所以说，更高的频次在需要这层。

我们经常说到的大数据等分析工具，多数情况下还停留在分析需求的层面，还没有下沉到需要的层面。所以我们应该更加深入地思考，人最本质的需要如何转化成为需求。

中间发生的动作叫作动机和选择。比如，我们一天要吃三顿饭，但是为什么晚饭要去这家餐厅吃，而不是去那家餐厅吃？显然我们在做选择的时候，要对比各种各样的服务提供商，会比较它的价格、口碑等。

是什么样的动机，让我们去享受这样的服务？这和我们的偏好相关，比如喜欢吃川菜，或者喜欢吃海鲜，这是个人偏好。

另外，选择和情绪相关。这点也很有意思，我们一般不太会注意这一点。我们实验室做过一个关于便利店的研究，研究发现人们在积极的情绪下和消极的情绪下买的东西是完全不一样的。我们揣摩一下，在去便利店买东西的时候，大家在积极的情绪下还是消极的情绪下，更容易购买垃圾食品？实验发现是消极的情绪。当具备消极情绪时，我们会想“不行，今天我必须得吃点什么让自己开心一下”。比如，当我很郁闷、不高兴的时候，我得吃点薯片，喝点可乐，放纵一下自己，这是消极情绪下的状态。积极情绪状态下，你会倾向于买健康的东西。所以当时的情绪会影响你的选择，影响你的动机水平。

最后，选择来自其他顾客的推荐，这就跟社交网络有关系。

在很多情况下，我们没有主动去探索一家餐厅好不好吃，但如果我们的朋友和我们讲哪儿开了一家餐厅特别好，一定要去试一下，我们就很可能会去尝试。这样的选择就是来自别人的推荐，即社交关系对选择的影响。

所以，以上这些因素，都会影响我们从需要往需求的转化，而且我们可以越来越多地获取这个过程的数据。通过对过程数据的分析，我们完全可以更加清晰地掌握顾客的需要，而且更加定制化地理解这个人和那个人的区别是什么。换言之，基于数据分析和智能算法的精准匹配与供给正成为这个时代重要的服务竞争力。

挖掘“人生维度”

佛家讲究跳出轮回是涅槃，我们可以理解为这是在追求人生新的高度；道家讲究的是长生不老，我们可以理解为这是在追求人生的长度。还有两个度是什么呢？那便是人生的宽度和人生的深度。当然，宽度也可以叫广度。什么是人生的宽度？宽度是我们在不延长人生的时间长度的前提下，通过阅读、旅行或观察别人的生活，给自己带来一些全新的体验或者启示。

比如，近年来非常流行的抖音平台（在国外叫 Tik Tok），实际上就是大量的跟我们一样的人或者完全不一样的人，把他们生活当中最精彩、最有趣的片段，以视频的形式分享给我们，让我们在指尖就可以快速地感受到完全不一样的生活，体验到那些我们自己没有时间或者没有金钱，又或者我们根本就没有意识到它的存在的一种生活场景。这种新奇感往深处追究就是一种扩充人生宽度的方法。

类似这样的体验，在以往我们可能是通过阅读去获得的。当然，阅读的内容包括历史、人物的传记，甚至一些小说，它们可以带我们去想象或者去探寻另一种生活方式。这是人类一项非常基础的需要。

那么什么是深度的需要？这可以理解为某一类或者比较广泛的一个群体，希望去探索一些事情背后的原理，这和我在探究服务的原理的道理是一样的。当下方兴未艾的一批教育及知识共享平台，如得到 App 提供的就是让我们探索原理的“深度”服务，这样的深度探索会给我们带来一种好奇心的满足。

因此无论是深度还是广度都是我们探求丰富人生体验的一种基本需求。当然，其中很大的一个服务领域就是健康。从本质上讲，健康领域是在持续研究如何延长我们的生命以及提升在生命过程当中的质量。所以它更多地服务于我们对人生长度的需求，从这个角度来讲，人生的“四度”，即高度、长度、深度和广度可能是一种非常本质的需求，从这“四度”出发的服务创新是极有潜力的。

从满意到惊喜

另外一个本质的问题是：服务管理者希望让顾客的满意度很高，但顾客是如何感到满意的？

要回答这个问题，就要先从顾客在意哪些方面开始。

第一，服务的可靠性。比如要拿航空跟高铁的客运服务来比较，可靠性更高的显然是高铁。

我个人最惨痛的经历是从杭州飞往南宁，在杭州机场，我坐在飞机里面等了 7 个半小时，最后只飞了两个小时就到了。这次延误就是因为杭州突然下了百年一遇的大雪，但是整个机场只有两台除冰车，在除冰之后，假如半小时之内不起飞，就要重新除冰。因此，我不得不等待那么长的时间。遇到极端天气，尤其是在冬天和夏天，航空是非常不可靠的。这是顾客非常在意的一点，所以可靠性是高铁客运的竞争优势。

第二，响应性。响应性就是当出现了问题的时候，服务供应商有没有第一时间聆听顾客的声音，有没有第一时间想办法给顾客解决问题。响应性非常重要。航空公司经常发生一些群体事件，比如航班取消或延误了，但是没有给顾客做好安排，这就是航空公司出现了响应性问题。

还有一个例子是海底捞，我们都知道海底捞的服务是它的核心竞争力。那么海底捞的服务具体好在哪儿？有一个关键点，海底捞的服务员跟别的餐厅的服务员有一个很重要的差别，那就是它的一线服务员具有免单权。当我们去餐厅吃饭，遇到一些状况的时候，我们很容易生气地对服务员说："把你们经理叫来！"为什么要把经理叫来？因为我们知道服务员的权限是不够的，是不会给我们免单的。而在海底捞呢？如果我们真的遇到了一些状况，对服务员说"把你们经理叫来"，服务员可以底气十足地说"不用，我给你免单"，顾客会有什么感觉？显然火气还没上来，就已经被扑灭了，甚至转为惊喜，这叫响应性。所以响应的快慢、响应的效果如何，是服务非常重要的一点。

第三，服务的保证性。这一点也值得我们去思考，保证性是指你提供的服务是不是有保证的。此外，服务的保证性有没有让顾客知道和理解同样很重要。依旧以海底捞为例，我去过一家海底捞餐厅，从一楼往二楼走的楼梯的中间有个橱窗。橱窗里摆了很多菜，一概是左边一盘，右边一盘。比如说大白菜，左边一盘大白菜，右边一盘大白菜，都是同一种菜。但是菜的盘子下面有一行小字，左边写的是"隔夜的白菜"，右边写的是"当天切的白菜"。显然，左边那盘白菜看上去已经蔫儿了，右边那盘则很水灵。两盘菜一直这样摆着做对比。我一开始没理解这是什么意思，后来我们去点单，菜端上来的时候，我理解了。它端上来的菜看上去和橱窗右边摆的菜是一样的，这就是在向顾客证明它的菜都是当天切的，绝对不是隔夜的菜，这就是餐厅在向顾客传递服务的保证性。

我们再想想肯德基或者麦当劳，它们的餐盘上都会铺一张纸。

这张纸本来是为了起到保障卫生的作用，同时方便工作人员把垃圾倒掉。但是纸上印的内容很讲究，比如，肯德基曾经在餐盘纸上印过这样的信息：肯德基炸薯条用的油是从哪里买的，什么油，油温控制在多少度，炸几个批次之后就要报废，报废之后交给谁去处理，内容介绍得很清楚。其实肯德基想向消费者传递什么信息？显然是它炸薯条的油不是地沟油，它的薯条吃起来是健康的。再如，肯德基号称大家在吃的鸡叫白羽鸡。纸上印着白羽鸡的饲养过程、营养信息等。其实这些信息就是向消费者证明肯德基的鸡肉是令人放心的。

此外，肯德基在多个城市开展过“走进后厨”的活动，体验者可以通过 VR（虚拟现实）眼镜观看白羽鸡的模样、生长环境以及生长过程。比如在 VR 眼镜中，体验者可以观察到白羽鸡养殖场农田围绕，环境清幽。鸡舍外高度自动化的监测系统掌控着鸡舍内的温度、湿度、饲料和饮用水供给情况。同时在“走进后厨”的活动中，工作人员还会带体验人员参观肯德基的烤箱、过滤水系统，让体验者感受到肯德基对于卫生的严格把控。其实这就是在传递服务的保证性。

海底捞和肯德基的例子给了我们一些重要的启示：第一点，服务管理者要努力提升自己的服务的保证性；第二点，服务管理者要善于用一些可见的方法，让顾客感知到服务的保证性。这一点高铁客运做得比较好：在高铁播放的宣传片里，乘客能够看到铁路的职工在多么辛苦地维护高铁的运行，包括清洗、打扫卫生、维护车辆的安全等。第三点，这样的信息其实有利于增强顾客对于服务保证性的感知。

第四，移情性。即服务管理者能不能站在顾客的角度去想问题，这是非常重要的一点。

例如，飞机上，客舱里面经常会出现这样一个情形：当乘客拿出一本书，打开阅读灯看书的时候，乘客看着看着就困了，睡着了。这时候，空姐会过来帮乘客把阅读灯关掉。这是典型的移情性的体现。也就是说，一开始当乘客开着灯看书时，灯光是为了让乘客看清楚字，现在乘客睡着了，灯光不利于乘客休息，所以空姐替乘客把灯关掉，空姐的举动是典型的站在他人的角度想问题。

大家一定还会注意到，航空公司尤其是国际航线，当空姐过来送餐的时候，如果乘客是睡着的状态，她会撕下一张小贴纸，贴在乘客前面座椅的靠背上，告诉乘客：在送餐的时间，乘客正在睡觉，如果乘客睡醒了还需要用餐的话，乘客就可以呼唤她。这就是站在乘客的角度思考，乘客现在睡着了，可能好不容易睡着，并不希望别人打扰，所以空乘人员就先不干扰乘客，但是空乘又不想让乘客错过这一餐，所以贴了一张纸条，这就叫作移情性。

当然，移情性不是要求每一个空姐一直惦记着每一个乘客现在想要什么，乘客可能哪里难受，而是通过服务设计者的努力，把这件事情设计成一个标准化的动作。也就是说，当空乘看到乘客在某种状态时，按照标准流程，其会进行某种对应的操作，这叫移情性。

第五点，有形性。在服务里面，最重要的方面自然是享受服务的本质属性。比如乘坐地铁，乘客从一个车站坐到另外一个车站，此时乘客本质上想要得到的服务是发生位移。但是中间的过程，比如地铁站有没有宽敞的通道、漂亮的灯箱，甚至是舒缓的音乐，地铁列车有没有舒适的车厢，这些都是一些外在的、有形的体验，但这些同样也是乘客会在意的，这就是有形性。

我们要注意，虽然服务是无形的，但是服务的有形性会给顾客带来不一样的体验，而这些也是顾客会在意的重要组成部分。

因此，以上 5 点就是顾客会在意的所谓服务质量的“5 要素”，值得我们下功夫做好。

美国营销学家帕拉休拉曼等在 1985 年发表于 Journal of Marketing 期刊上的研究成果，分析了顾客为什么会感到满意或者不满意的原因，如图 5-2 所示。我们前面介绍了服务质量的“5 要素”：可靠性、响应性、保证性、移情性、有形性，如图 5-2 左侧所示。但是顾客为什么会感到满意或不满意？一个关键的黄金法则是每一个顾客在享受服务之前，会先产生一个预期服务，或者说对服务产生一个期望值，他认为服务应该是什么样的，等他真正去享受服务的时候，会产生一个感知服务，即他感知到的服务水平是什么样的，所谓满意或不满意，就是顾客对服务的期望值和其感知到的服务质量的比较结果。

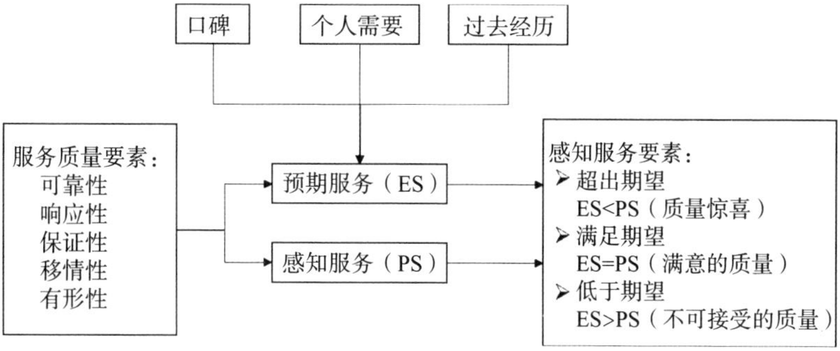

图 5-2　感知服务质量

图片来源：A.Parasuraman, V.A.Zeithaml, and L.L.Berry, "A Conceptual Model of Sevice Quality and Its Implications for Future Research," *Journal of Marketing* 49, Fall 1985, p.48

如果顾客感知到的服务质量超过了他期望的服务质量，这就叫作惊喜的质量。如果顾客以为它们提供的服务也就那样，结果体验后发现服务能做到如此好的水平，顾客就会感到惊喜。如果顾客感知到的服务质量远不如他期望的好，这个时候失败的服务就发生了。

因此，满意和不满意不是一个绝对值，而是每一个顾客通过不断拿自己的服务期望和服务感知去做比较，然后，得到满意或不满意的结果。根据感知服务质量的黄金法则，服务设计者似乎应该让顾客的服务感知越高越好，或者让顾客的服务期望越低越好。然而，如果顾客对服务的期望值太低了，顾客就不会来了。所以，最佳的状态不是让顾客的服务期望越低越好，而是让顾客的服务期望略低于服务感知。这样刚好让顾客有些惊喜，同时期望又没有那么低，这才是最佳的状态。

所以作为服务设计者，我们要有意识地管理用户的服务期望，努力提升用户的服务感知，这就是我们努力的方向。

既然要管理用户的服务期望，那么用户的服务期望来自哪儿？

第一，口碑。别人都说这家店特别好，那么顾客的期望值就会很高，这叫口碑。在服务业，口耳相传是最好的广告宣传，因此，口碑传播的结果自然构建起了顾客基础的服务期望。如大众点评这样的平台，也给口碑传播提供了载体，其他顾客的点评信息成了顾客产生服务期望的重要参考。

第二，个人需要。有的时候顾客对服务的期望，其实受到顾客个人需要的强度影响。比如，北京的餐饮（晚餐）很容易让顾客觉得好吃。因为在北京，要想和朋友一起聚餐的话，大家要从不同的地方赶来，那么当晚上大家真正聚起来吃饭的时候，很可能已经晚上 8 点之后了，因为路上太堵了。那么等顾客开始吃饭的时候，人已经饿得不行了，这个时候自然吃什么都会觉得好吃。这就是个人需要的强度作用。

第三，过去的经历。也就是如果上一次顾客体会过服务，那这一次顾客的期望值就会和上次的服务水准一致，所以这叫过往经历。

此外，我在原文献理论的基础上进行了扩充，我认为影响预期服务的还有两点：一是价格。价格会严重影响顾客对服务的期望。比如患者去找医生看病，有个医生说："我的专家号 2 000

块钱一个，而且要排队排到很久以后。”此时，患者会认为医生非常有水准（注意，小心价格炒作出来的伪专家）。如果另外一个人还告诉你：“我的专家费很便宜，只要 5 块钱。”你敢去吗？你会严重质疑他的水平。所以价格是影响消费者服务期望的重要方面。

二是广告宣传。广告宣传同样会严重影响顾客对服务的期望。举一个例子，某专门做在线药品零售与配送的创业企业在电梯间做的广告，提出的口号是“主城区内 24 小时送药，28 分钟之内送到”，结果我试过两次，没有一次在一小时内送到，这样顾客自然会非常失望。因为它承诺的是 28 分钟送到，结果一小时之后才送到，显然顾客就会不满意。假设它换一个方式承诺，主城区内一个半小时送到，结果它一个小时送到了，顾客反而会感到惊喜。

我在美国看过一个非常有意思的广告。一个金发女郎被一群黑衣人追杀，追到了一个楼里。楼很高，一直到楼顶的天台，这位金发女郎跑出来，黑人也都追了过来。只见她跑到楼的边缘，转过身从容地面对这帮黑衣人，然后看了一下自己的手表，9 点整，一秒不差，立刻转身跳了下去。就在她从楼顶跳下来的时候，一辆 UPS 的卡车恰好从楼下路过，她成功地跳到卡车上逃走了，然后电视上出现了一个 UPS 的标志。这时我理解了，UPS 的广告想告诉我们什么？其显然是暗指 UPS 的服务分秒不差，所以人家早算准了，9 点钟卡车一定会从这里经过，于是通过这种方式成功逃走。广告很成功、很幽默。但是我当时看完之后，忍不住会想："UPS是很幽默，但是下次UPS的快递员要是给我送包裹，迟到个10分钟我就很难接受了。因为服务的广告不是这么讲的。"所以服务供应商一定要注意，对用户提供的服务的广告、宣传，千万不要承诺不容易做到的事情，因为这样很容易调高用户的期望。最佳状态是让期望略低于感知，这才是最佳服务设计。

请"上帝"参与设计

顾客需要与设计思维

究竟如何了解用户的需要？不妨试试同理心和用户参与。

分享一个我的亲身体验。荷兰的阿姆斯特丹国际机场非常漂亮，像一个体育场的看台，有舒适的休息等待区、舒服的沙发、漂亮的灯箱和悦耳的音乐，如图5-3所示。

接下来是荷兰的国家特产——代尔福特瓷器，据说是模仿的中国的青花瓷，如图5-4所示，机场用瓷器做了一个非常大的杯子造型的桌子，还有一个很大的"茶壶"旅客可以从中穿过去。

图 5-3　阿姆斯特丹机场休息区

图 5-4　代尔福特瓷器

图片来源：http://bluesky0301.blog.sohu.com/174131063.html.

登机口附近还有一个桌子，我们看一下桌子的细节，如图 5-5 所示。桌子的前面有些凳子，旅客可以坐在上面工作，重点是每一个座位面前都有一个电源插座。基本上除了一些最新的机场，在常见的机场，旅客如果想充电，那么多数情况下得找一个柱子在旁边蹲着。现在好一点的机场中，有些座位旁边有充电的接口，这些地方的设置就是为了方便旅客工作，这样一个设计非常人性化。

图 5-5　阿姆斯特丹机场桌子的设置

在机场的图书馆里，如图 5-6 所示，旅客可以翻看书架上的书，图书馆里还有非常漂亮的桌子、椅子、台灯，iPad（苹果平板电脑）可以供旅客浏览网页，查邮件等。

下面的建筑更加神奇，如图 5-7 所示。这是荷兰的国家博物馆在机场的分馆，相当于故宫博物院在机场开了一个分院。二楼有一些油画、雕塑等，一楼则有一些艺术纪念品可供旅客购买，非常漂亮。

图 5-6　阿姆斯特丹机场的图书馆

图 5-7　阿姆斯特丹机场的荷兰国家博物馆机场分馆

图 5-8 所示的这个区域也很有趣，这里有一个非常漂亮的木质三维大帆船。荷兰又被称为“海上马车夫”，以贸易、物流起

家，它的商业非常发达。这艘“大帆船”周边的三面墙上，摆放着荷兰历史上进出口的热销商品。比如说，图 5–8 左侧有男士头像的墙上摆的全是雪茄，右侧的墙是为女士准备的，上面摆放的全是巧克力。显然，这就是一个免税店里的货架。但是在这里买东西，旅客会感觉自己买的不是商品，而是历史和文化。当旅客觉得自己买的是历史和文化的时候，旅客的消费能力就会上升好几个等级。

图 5–8 阿姆斯特丹机场商店

在体验了这么多好玩的东西后，我找了一个舒服的沙发坐下来休息。这时候一个机场的工作人员跑过来问我：“先生，您愿意参加我们机场的改善计划吗？”我心想我在清华就是教服务设计、系统工程的，便答应下来：“我非常愿意参加你们的改善计划。”结果工作人员给我拿出来一张绿色的大纸，如图 5–9 所示，左上角白色的部分让我填写个人信息。这张绿色的纸中间写着“我最喜欢的等待时间”。她递给我一支笔说：“您在机场等待的时候，最喜欢做什么，您就往上写。越靠近中间就证明您越喜欢这件事。”于是我开始想自己在机场能做什么，无非就是看看书，听听音乐，逛逛免税店，找个餐厅吃点儿东西，最多再买杯咖啡，此外实在想不出了。

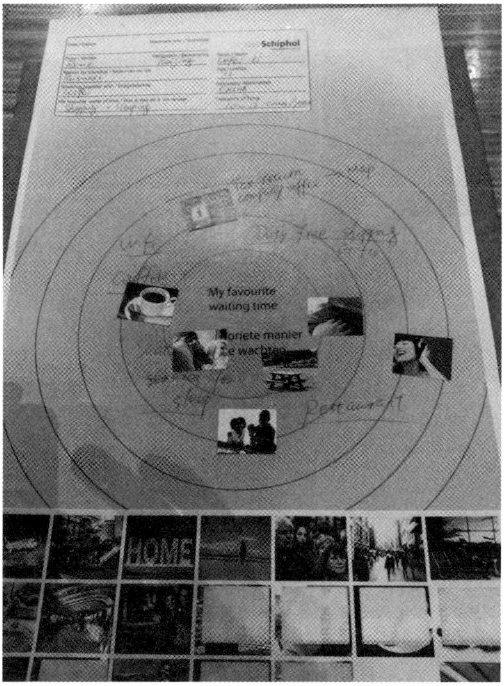

图 5-9　阿姆斯特丹机场的用户调查问卷

此时，这位工作人员发现我已经想不出什么东西来了，于是掏出三行小贴画。她说：“先生，您觉得下面这些事儿，有什么是您想在机场做的？”这一下就把我的兴趣调动起来了，我指着其中一幅图说：“这明显是公园草坪上的一条长凳，难道你们机场还可以修公园吗？”结果她说了一句让我终生难忘的话：“如果您觉得应该有，机场就可以有。”这一下鼓励了我，我把各种觉得好玩的东西往上贴，贴得密密麻麻。后来我意识到，这张大纸其实就是一张需求的调查问卷，但是这是我填过的最有趣的问卷。

这张问卷非常有趣，但是重点还不在于其图形化的形象表达，或者说其重点不在于有趣。我们之前讲过，大数据的天然缺陷叫不能超越顾客。而这个工具的厉害之处恰恰在于它能够超越顾客。

注意我填写这张问卷的过程，分了两个阶段：第一个阶段，工作人员给了我一支笔，让我往上写。我写上去的那些机场能做的事情，是我脑子里的机场，我突破不了自己的思维定式，因此我认为机场只能干这些事情。第二个阶段，工作人员拿出三行小贴画，其实是在鼓励我突破自己，鼓励我打破思维定式，用更多的可能性来刺激我，再让我选择有哪些我愿意在机场做的事情。所以说，这是一个非常厉害的需求调查工具。

当我意识到这个工具的价值的时候，我追问了她几个问题。我问她：“你的工具从哪儿来的？”她回答说老师教的。这就更让我兴奋了，我问：“你哪个学校毕业的？”她说自己是荷兰代尔夫特理工大学工业设计系毕业的。代尔夫特理工大学的工业设计系非常厉害，他们教授工业设计的老师就是这样教学生做用户需求调查的。

我在荷兰阿姆斯特丹机场的亲身经历，引出了一个重要的板块，那就是设计。为什么我们身边的事物是我们看到的样子？从本质上讲是因为设计。设计的内容可以大到一个城市、一架飞机，也可以小到一支牙膏、一个牙刷，这些都是需要经过设计的。现在国际上最火的一个设计方面甚至拓展到整个创新创业领域的工具或者方法论叫“设计思维”（Design Thinking）。这个板块非常有趣，让我们一起探讨一下如何利用设计思维做创新。

设计思维有三个非常核心的理念。一个是商业空间，这一理念下的可行性表示对于创新，服务设计者要去看它的商业空间是否具备可行性。另一个理念是技术空间，这一理念下的可行性是指技术上的可行性。还有一个理念是经常被服务设计者忽视的，那就是人的空间，这一理念强调的是人的渴望。我们再看这三个理念的交集部分，表示体验，这里强调的是创新空间。所以设计思维的三个非常核心的理念，是指要找到商业空间、技术空间和人的空间的交集部分，即体验，就是明确给用户创造什么样的体验。关于如何去设计传递体验，就叫设计思维。

设计思维能够帮助我们分析人的空间，从设计的视角来解决人的问题。它的创始人蒂姆·布朗创立了一个公司叫 IDEO。他说过这样一句话：“业务中的设计思维，主要基于设计师的敏感性和恰当的方法。”设计师要有敏感性，这是强调设计师的主观能动性，设计师要发挥敏锐的直觉；恰当的方法能够将人们的需求与可行技术相结合，进而将可行的业务战略转化为客户价值和市场机会，两者缺一不可，共同构成设计思维。

国际上有很多大型企业在用设计思维，例如苹果、万豪、福特、IBM、三星、别克等。清华大学的工业工程系、美术学院等院系也在与斯坦福、IDEO 等院校和机构合作引进设计思维。

有两个经典的设计思维的模型，我们在这里稍加展开，讲一讲它们的原理。一个是代尔夫特模型，是代尔夫特理工大学的工业设计工程学院提出的一套逻辑和方法论。另一个是斯坦福大学设计的模型，这是斯坦福大学著名的设计学院提出的方法论。

一般情况下的产品创新，比如从一个旧产品出发，做出下一代的新产品，最直接的线性创新思维是什么？我们通常会根据经验，直接设想新产品要有什么属性，并据此完成设计。但这样做出来的东西很可能是不合理的，不容易被市场接受。

代尔夫特的设计思维模型把产品创新分成三个层面来思考：在最底层的产品层面，它回答的是“是什么”（what）的问题，这是基于产品的层次，但我们不能停留在产品的层级去直接开展设计工作，而应该向上一个层级去分析“怎么样”（how），这也叫互动层级，即产品到底是如何与人互动的。

知道产品和人是怎么开展互动之后还要再向上一个层级去分析它为什么这样互动，这就到了回答“为什么”（why）的层面，即背景层级。此时，我们不仅清晰地知道旧产品长什么样，还知道旧产品和人是怎么互动的，以及它是在什么样的背景下，建立了和人之间的这般互动方式。

此时，我们再去尝试理解或者去设想在未来的背景下，我们希望产品和人怎么去互动。基于这样的全新互动方式，才会促成新产品的设计。所以一个产品的创新设计需要经历这样一个不断向上深挖的过程，其中包括怎么互动，为什么这样互动，未来怎么互动，最后回到产品层面。

再具体一点来讲，比如在“是什么”的层级，就是关注产品本身的属性。不同的顾客会关注产品的不同的属性，并且可能对产品质量有不同看法与评定，包括它的外观、材料，质量。而到“怎么样”和“为什么”的层级就变成了人们如何与产品进行互动，即在什么环境下人们会使用这个产品？为什么人们想要使用这个产品？

比如汽车，在什么场景下我们会使用？我们为什么需要使用汽车？当我们回到产品层级再去想问题时，有可能你关注的不再是汽车本身。2018 年 6 月 23 日，我们和美国艺术中心设计学院在清华大学举办了一个国际论坛——设计美好生活。我们请来了优步未来计划部门的总设计师，他分享了优步现在在做的未来的飞行汽车的设计，在他们的设计中，今后城市内部的通行不再局限于在地面上行驶，还能直接从空中的一个停车场飞到另外一个空中的停车场。到 2022 年优步就要开始测试这个产品了，现在已经有很多版本完成了初步设计。他们这也是还原到人们为什么需要出行，再设想未来的场景想让你怎么出行，才有了新产品。

设计思维需要还原到为什么要使用它，在什么场景下使用，据此去理解背景环境。这就涉及我们经常会问的 5 个问题——5W1H。“5W1H”是工业工程和系统思维中非常常见的工具，几乎可以适用于构思任何项目，包括手头的工作。“5W”分别表示 what（什么事）、who（谁）、where（在什么地方）、when（什么时间）、why（为什么），而“1H”表示 how（怎么干），也就是说，对于任何一件相对复杂的事情，我们都需要想清楚：这是件什么事，谁来干，什么时间干，在哪里干，它要干成什么样，为什么要干，怎么干。这是系统思维中特别好用的一个工具，所以在设计思维中，也可以用它来不断挖掘产品的各层次，明确为什么人们需要它。

斯坦福大学提出的设计思维模型，则是把一个产品的创新分成三个大的阶段：理解、探索和实现。就是先理解这个事儿，然后去探索，最后把它做出来。它一共包括 6 个详细步骤：共情、定义、设想、原型、测试、实施。我们重点解释前两个步骤。

第一，共情。这是心理学中的一个词语。什么叫共情？它跟移情非常相似，就是我们要站在对方的角度思考问题，感受到对方的痛苦，感受到对方想要什么，这叫共情。所以服务设计要去观察用户的行为，与用户沟通、互动，理解用户想干什么。共情有多么重要？我在伯克利做访问学者的时候，两三次去斯坦福大学拜访设计学院，设计思维的创始人之一拉里·莱费尔教授跟我说：“我们实验室研究创新这件事情已有几十年，发现在所有可能对创新产生影响的因素当中，唯一重要的因素是共情。”那么多的影响因素，他说唯一重要的因素是共情。当看到我对此结论感到很困惑或者说震撼（我知道共情是什么意思，但没有想到共情如此重要）时，他立刻给我举了个例子。他说："比如说我看到你背着双肩书包跟我聊天，我就应该感觉到你的肩膀可能会疼。于是我就应该思考设计一个怎样的书包让你背着更舒服，让你的肩膀不疼。这是一个新产品设计出来的过程，这也是共情。我们要能感受到别人的痛处，然后针对这种痛处形成新的想法，解决痛点，这就是创新的原点。"所以他把共情说成是影响创新的唯一重要的要素，这点让我印象非常深刻。

共情就是以己度人，就是站在用户的角度想问题。"己所不欲，勿施于人"说的就是要以己度人，也就是共情。我在学习和研究管理科学的时候，感受到中国文化和西方文化有一个非常大的差别：中国人的智慧表现为特别擅长归纳和总结。我们的老祖宗将其智慧归纳成一些非常精辟的句子，告诉你要这么干，比如"己所不欲，勿施于人"，但我们不擅长还原，不擅长解释它的道理，比如古人告诉我们"己所不欲，勿施于人"，但是并没有告知为什么"己所不欲，勿施于人"，或者说怎么做才能够"己所不欲，勿施于人"。我们通常只强调它"是什么"，但很少回答"为什么"以及"怎么办"。

共情地图在做什么？如图 5-10 所示，2017 年底，在按照北京市政府的指示作题为《品味之城》的报告时，我们尝试从市民角度做了共情地图的分析。中间是个小人，也就是我们需要共情的对象，小人的头顶写的是 *Think and Feel*，就是它想什么、它感觉到了什么；前面是 *See*，就是它的眼睛朝着方向，它看到了什么；后面是 *Hear*，它听到了什么；下面是 *Say and Do*，即它会说什么，它会做什么。这就是我们要以己度人的时候应该怎么做。

以车站服务为例，假设车站要去共情旅客，那图 5-10 中的小人就是旅客。站在旅客的角度，车站应该去想旅客到车站后会看到什么、听到什么、想什么、感觉到什么，然后他会说什么、做什么。然后车站工作人员要把与旅客共情的要点写在便利贴上并贴在共情地图的相应处，贴满之后大家来总结。图 5-10 的左下角所示的是“困扰”，就是提醒我们要思考用户的痛点是什么，用户在什么地方觉得难受。痛点就是我们创新的机会。所谓

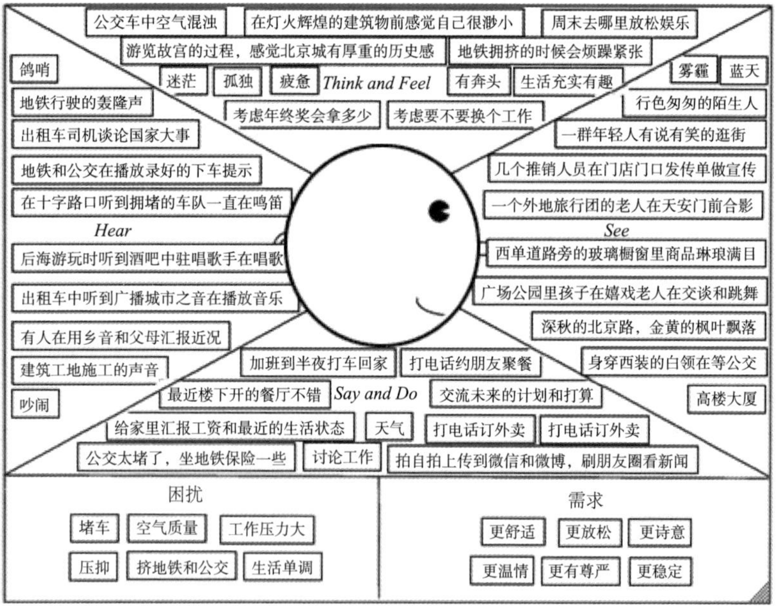

图 5-10 北京市共情地图

共情，最重要的就是应该梳理出用户的痛点。图 5-10 右下角所示的是用户的“需求”，也就是我们要从用户的痛点中梳理出他想要什么。针对用户的每一个痛点我们应该给用户什么，这个叫“获”。当然，我认为这个工具还可以再超越一步。有些东西用户可能还没觉得特别痛，但是我们要超前一步，告诉用户其实他还想要什么。

我的实验室在开发一个新的工具，要超越共情地图的共情力度。我们学习创新，绝不是仅仅学习人家一个逻辑、一个思想就结束了，而要学习这样的工具，并用它来梳理用户在想什么、听什么、看什么、做什么，再全面地梳理用户觉得难受和困惑的地方，即痛点，然后，针对所有的痛点再去做创新，这样我们的创新才会得到用户的满意。

斯坦福大学每年都会带着学生去企业帮助企业解决真实的问题。下面是莱费尔教授跟我们分享的他们给 NASA 解决的一个问题。当时 NASA 面临一个很痛苦的问题：NASA 生产的一款卫星有好几米高，因此卫星的组装和测试非常耗时，很多时候测试员要从天花板上吊下去做测试，所以特别费劲。于是他们决定共情测试员，约翰是 NASA 的一个卫星测试员，NASA 生产的卫星由他来做测试，那么，显然共情就是分析约翰的背景，比如他是一个什么样的人，看到了什么、听到了什么、想到了什么、喜欢什么、不喜欢什么、关心什么等，站在他的角度去揣摩、分析他，然后争取产生一个新的设计，即如何让测试员不那么辛苦。最后，斯坦福大学的老师引领学生想出了一个全新的卫星结构——卫星是立起来的，很高，像一个花骨朵。这些学生想了这么一个办法：把卫星想象成花骨朵，当花骨朵打开的时候，所有的花瓣都绽放在地面上，就没有那么高了，因为所有的“花瓣”都是平躺在地面上，测试员可以很方便地在地面上进行操作、组装、测试，测试完之后再让花瓣变成花骨朵收回去，从而完成最终的组装。这让卫星的测试工作从两个月缩短至一周。

所以像这种颠覆式的创新，其实很多时候来自我们对人的共情，这不是线性思维能够创造出的方法，因此共情这件事情非常重要。我们在做各种服务设计的时候，第一步都会让学生去共情。

第二，定义。很多时候我们做出了结果，但是想做的改善不尽如人意，因为一开始就把问题定义错了，没把顾客想要的东西搞清楚。有一张有趣的漫画能够说明问题，如图 5-11 所示，这是关于一个秋千的故事。在图 5-11 中，编号①的图是关于顾客对自己需求的解释，即他想要一个什么样的秋千，但显然这个秋千不太像个正常的秋千，所以顾客所描述的他想要的东西并不都是正确的。可能是顾客没讲明白，也可能是他讲的不一定是他真正想要的。编号②的图是关于项目的领导者对于产品的理解，显然他也理解错了，因为这样的秋千根本荡不起来。在编号③的图中设计师把秋千设计成这样，明显顾客一用就会撞脑袋。在编号④的图中程序员的设计直接将秋千系在树上，板子落在地上，完全荡不起来。在编号⑤中商业咨询师把秋千描述成树上挂了一个沙发，非常舒服，这暗指咨询公司通常会把一件事情描述得非常美好。整个项目是怎么被记录的？从编号⑥的小图中可见，这些想法什么记录都没留下，没有任何文档留存。对于顾客的收费则如编号⑧的小图所示像坐过山车一样，今天说“不行，必须追加预算”，明天又说“这块可以减一点”，后天又变卦了。最终交付的时候，做出来的秋千如编号为⑨的小图所示。顾客其实需要一个什么样的秋千？在编号⑩的图中我们看到其实顾客想要的在树上挂一个轮胎就可以满足。

图 5–11　项目如何真正地进行

图片来源：https://blogs.perficient.com/2015/07/01/ibm-cognos-tm1-atlassian-jira-client-success/

斯坦福大学的设计思维模型的重点特征是什么？我们简单介绍几个。第一，关注人的价值。先从共情开始，关注怎么给用户解决痛点的问题。第二，展示，不仅仅是讲故事。在斯坦福大学的设计思维实验室里有大量的纸壳、木板，所有学生做出来的创新的东西，都可以用木板搭起来，或是用纸壳子糊起来，用来展示给别人看。第三，从复杂中创造清晰。这也是斯坦福大学设计思维的重要理念，即通过过程控制和反复迭代在复杂中找到设计方向。

当然，设计思维本身的内涵还有更丰富的解读，我们在此只做简单介绍，详情可以参考斯坦福大学设计学院或 IDEO 的教材与资料。设计本身是一个非常棘手的问题，我们需要有明确的问题的定义和方向，前期需要消耗大量的时间和精力，直到恍然大悟，这时我们就会明白要做出一个什么样的东西来了。它强调的是中间有大量的迭代，也就是说，仅做一个展示远远不够，一旦顾客不喜欢就要立刻进行迭代、返工。注意，顾客是需要参与进来的，无论主动还是被动。

顾客参与多少

让我们从观察一个服务场景开始，首先我们来看图 5–12 所示是一个什么样的场所？乍一看不太好判断。

其实这是位于日本东京的一家寿司店。顾客在进店之后，只要找到一个座位，在平板上面就可以点任何自己想吃的东西。而餐台前面实际上是一条传送带，顾客在点完餐之后，做好的东西就会沿着传送带自动送达顾客面前。当顾客点的寿司在快要接近顾客所在座位的时候，传送带还会发出一些提示音，就好像火车进站一样，提醒顾客点的寿司到了。在顾客把盘子拿走之后，传送带继续向前传。值得一提的是，桌子上面还有白色瓶子，里面装的是酱油，旁边还有一些纸巾，以及一个弯管，弯管里是热水。每一个顾客的座位面前都有一个可以直接出热水的弯管。我们想想这样一个系统的设计目标是什么？它的好处是什么？便捷在哪里？

图 5-12　寿司店的场景

可以说，在这家寿司店里，绝大多数的服务实际上是顾客自助服务，因此用这种方式设计出的系统，可以极大程度地减少店员的参与，从而达到了更高的效率和更好的服务质量。我们在此用很多的案例来探讨，其实是探讨怎样系统地思考服务这件事情：自助服务是顾客参与的极致，这种设计的好处是服务能力约等于服务需求（只要有足够的自助设施），当然，并非所有场景都适合自助服务这种顾客全面参与的形式，因为顾客完全不参与在某些场景也构成了全新的商业模式。

再如，传统房屋租赁中介为顾客提供信息撮合服务，但是房屋的装修、配置以及日常维护需要租客或者房东自己处理。但是自如的商业模式，是在收到委托房源之后对房屋进行统一的装修和配置，然后提供给租客。同时，自如还提供全链条的租后服务，覆盖了用户从找房、搬家，到签约入住之后的保洁、维修等需求。顾客在自如可以享受到真正拎包入住的服务。目前在北京、上海、深圳三地，自如共管理房源超过 20 万间，累计入住自如的租客超过 50 万人，自如建立了中国最大的 O2O（线上线下相结合）青年居住社区。因此，顾客参与这件事情，在“多”和“少”的两端均有独特的价值和魅力。

功能与美

在讨论一个复杂产品的开发和设计过程的时候，我们会非常重视功能。功能是构成一个系统基础架构的一种表达方式，也就是在架构一个典型的复杂系统时，它应该拥有三种类型的架构：第一种是运行架构，主要描述系统在运行时的行为，这是一种黑盒视角；第二种是逻辑架构，也被叫作功能架构，它描述的是系统应该具备哪些功能才能支撑它作为一个整体，来表现出运行中的行为，而这里的功能视角已经进入了系统内部，是一种白盒视角，但尚未探讨如何去实现这些功能；第三种是系统的物理架构，在此才真正实现了如何用软件、硬件、组织等各种形式来实现功能架构所定义的系统应该具备的那些功能。因此我们可以看出，功能对于一个复杂的系统来说，是连接系统的整体目的以及系统的实现形式之间的关键。

当讨论服务系统的时候，我们经常会用服务包这个概念来描述服务系统的构成，服务包包括支持性设施、辅助物品、信息、显性服务和隐性服务。从服务包的这 5 种要素与系统架构的对应关系来看，大致可以把支持性设施、辅助物品和信息归于物理架构，而显性服务和隐性服务则可归为功能和行为。

谈到这里，似乎功能依然是没有色彩的，只是为了某种目的而存在的。然而在真实的服务以及产品的竞争过程中，我们应当把这种目的延展开去。就像我们买一部手机，即使每部手机都具有拍照、通话、浏览网页等功能，但它们的外观或拿在手上传递出来的那种感觉，比如身份感、时尚感等依然非常关键，甚至有的时候这些比那些显性的主要功能更能影响用户的购买决定。

换言之，在功能所要实现的目的中，如果我们把隐性服务要传递的部分单独拿出来，这其中有相当一部分和美是密不可分的。而这种美的范畴不仅仅是一种以绘画、雕塑等传统艺术形式存在的美。也就是说，当我们把对于美的追求放到产品和服务的隐性部分的时候，这里所指的功能便不再是一种功利意义上的功能，有些功能哪怕提供的不是直接产生某种效益的能力，也应是必备的，甚至是真正让这个服务或产品独一无二的点睛之笔。

田中一光先生在《设计的觉醒》一书中提到设计的一种很高的境界时，讲到用法本身起到了让作品焕发新的美感的核心作用。这句话给我们的启示是，服务设计的一种更高的境界不仅仅是为了满足商业意义上的成功。如果站在让服务系统来引领一种美感的提升的角度，此时它就具备了一种社会意义上的强大的生命力，即它在完成另外一种意义上的使命。而当这种使命顺应社会趋势的时候，商业上的成功仅仅只是它的副产品。

将功能与美感深度融合起来，要求我们在实践中采用一种全新的做法，比如在硅谷的投资领域，对于创新团队的评价已经不仅仅是投资人的工作，在投资人的团队中越来越多地出现了设计师作为评价团队的成员，这就意味着功能和美感在同时被评价着。

此外，从系统设计团队的组成来看，以迪士尼的设计团队为例，设计师在完成剧本场景设计之后，需要和工业工程师以及其他相关工程领域的团队共同工作，一起探讨如何将这些设计付诸实践，这个过程就是一种美感和功能的融合，当然，其中也有一些妥协和取舍。

我相信在未来的服务设计中，跨学科的团队组合成为综合开发团队，也就是 IPDT（集成产品开发团队）这样的模式将成为常态，而这样的团队中将必然会有具备足够艺术水准的设计师参与。同样，对于团队其他成员的审美力的培养和训练，也会为这样的联合团队产生独一无二的设计并将之完美实现提供更好的助力。

因此，概括来说，功能依然是服务系统设计的核心，但我们非常有必要认真思考功能这个概念的内涵和外延，在实践中从组织的环境、团队的构成、开发的方法、使用的工具甚至开发的场景与场所，都要全面体现一种美感的融入。在这一点上，要勇敢地超越顾客、引领顾客，才会真正让你的服务系统独树一帜，在激烈的差异化竞争中不断抢占先机。

第6章　文化视角

照照“满意镜”

万豪酒店的创始人威拉德·玛里奥特曾说过一句非常经典的话：“在服务业没有满意的员工，就不会有满意的顾客。”实际上，在服务领域有一个专门的理论和这句话传递的理念非常一致，那就是满意镜理论[①]。

所谓满意镜理论，如图6-1所示，就是我们假想有一面镜子，镜子的左侧是管理者的关注点，包括顾客具体对什么满意，对什么不满意，等等；而镜子的右侧对应的是员工满意或者不满意的地方，它和镜子左侧顾客的关注点在某种程度上是镜像对称的，

① 本杰明·施奈德、戴维·E.鲍恩.服务企业制胜法则，沈峰.译.商务印书馆。2007.

所以这个理论被称为“满意镜理论”。虽然管理者非常在意顾客的感受，但是“满意镜理论”告诉我们，镜子的另一侧所对应的员工的感受也很重要，员工满意了，顾客就满意。所以我们要注意这一点：“没有满意的员工，就不会有满意的顾客。”

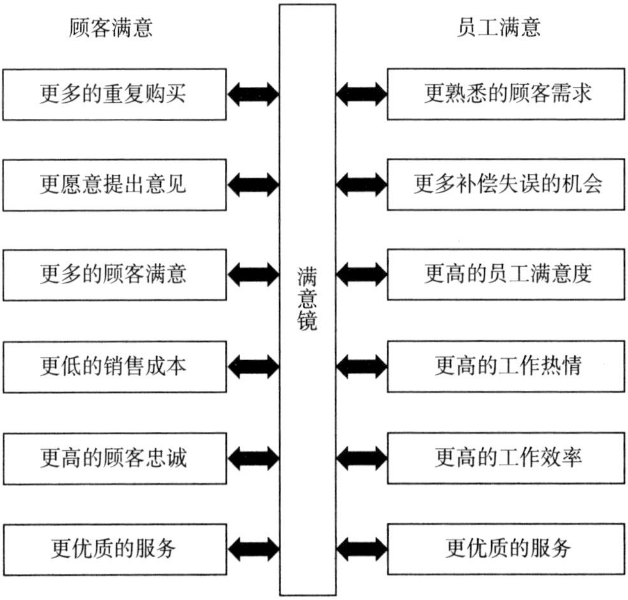

图 6-1　满意镜理论示意图

在这方面，海底捞的员工支持可以称为标杆之一，海底捞的招聘多来自其服务人员的推荐，很少进行公开招聘。海底捞的这一做法非常高明。因为在餐饮业就业的员工，实际上获得的社会认可度是不高的，多数人认为这不是一个多么光鲜的工作。那么对于这个社会认可度不高的群体，我们如何让员工感觉更好？

在招聘时，让老员工推荐新员工就是很好的做法。因为对于在餐饮业就业的员工来说，虽然他获得的社会认可度不高，但是如果他给家里的亲戚朋友解决了就业，家里会更认可他，也会更认同他的工作，因为他能帮助别人。而且这里面还包含了企业对员工的信任，这对员工来说也是一种认可。那么对企业来说有一个额外的好处是什么？如果企业招进来的人是老员工推荐的，那么显然这个新员工更靠谱。如果这个人特别不可靠，那么老员工也轻易不敢推荐，因为这涉及个人信誉问题。所以员工推荐式的招聘额外多了一层质量保证，因此，这在招聘环节中是非常聪明的做法。

提及员工福利，有一些企业的做法非常不错。比如海底捞，在北京，海底捞为员工提供的住宿都在非常不错的小区，绝不让员工挤地下室，或居住在低端的住宿环境中，因为它没有把自己的员工当成普通的服务业的员工那样去对待。

而且海底捞将优秀员工所获的奖金的一部分直接打到其父母的账户，这一点也非常聪明。中国人讲究孝道，当这部分奖金被打给员工的父母的时候，我们可以想象一下这个员工回家过年，或者回去看望父母的时候，他会得到什么样的认可和支持。因为餐饮业的从业人员当下还没有得到足够的社会认可，所以海底捞用这样的方式让他们感觉被尊重。

类似的做法在游戏产业也不鲜见，2018 年王者荣耀职业联赛期间，一群自豪的选手父母被安排到比赛现场的头等座席观战。

有效的社交支持是在面向员工进行服务设计时非常值得推荐的做法。

中通快递对其优秀员工的奖励也值得借鉴，就是员工自己拿出奖金的一部分给父母出一份，公司再匹配一份，直接寄给其父母。我曾参加过中通快递的年会，年会上一个来自湖北某城市的店长分享了自己的成长历程。因为在公司获得了很好的照顾，所以他对待顾客也很上心，当时要开发新市场，开发新客户。有一次天降大雨，他为了不让顾客的包裹淋湿，便把包裹揣进自己怀里。我们可以想象一下，当顾客看到快递员淋湿了，而自己的包裹因为被快递员揣在怀里而完好无损的时候，这个顾客今后会选择哪家快递。

《哈佛商业评论》曾刊登过这样的一个案例，也体现了关怀员工的重要性。青岛有一个非常不错的酒店，叫海景花园酒店。它的员工对顾客提供的服务非常真诚，堪称定制化。有一次我带着家人入住，我和孩子住一个房间另外一个房间是老人住的，我们把东西放下，在房间休息了一会儿就出去吃饭了，回来之后发现每个房间里都有一张服务员手写的纸，是欢迎我们入住的纸条。但每张纸条都是定制化的，而且在我们的房间还摆了一个毛茸茸的小熊玩具，因为服务员看到我带着孩子入住，所以放了一个玩具。隔壁的房间放的是什么？那张纸条上写的是：“我注意到您是吸烟人士，所以我给您切了一盘梨，希望您保重身体。”纸条旁边还放了一块口香糖，因为服务员观察到烟灰缸里有烟头，注意到了客人是吸烟人士。

不仅如此，这家酒店所有的员工跟你打招呼的时候笑得都非常真诚。当时我就很疑惑：这里的服务人员怎么能做到这么好的状态？我后来发现这家酒店内部有自己的小册子，是员工写给企业的感谢信。感谢信里面是各种感人的故事，比如职工宿舍有一个专门的楼岗阿姨，这个阿姨每天都会观察员工需要什么，如果有员工生病了，她会帮忙买药，还会切一盘水果送过来。食堂也是有一个阿姨专门观察每一个员工的状态，发现有员工咳嗽，二话不说就到后厨做一个糖拌西红柿送过来，每个服务人员都在被真诚地照顾着，这是一种了不起的力量。所以酒店的服务人员在受到这样真诚的对待后，他们反过来也会对顾客提供非常真诚周到的服务。

所以说，管理者要多思考，如何巧妙地设计员工的福利，这里的福利是广义的，包括招聘、培训等。企业在这方面的投入和付出，都会在“满意镜”的另外一边找到“答案”。

互动行为与服务创新

互动，是服务创新中最为重要的几个关键词之一。首先，它出现在服务的基本定义里，“服务就是在服务提供者与顾客之间，产生经济价值的互动行为”；其次，互动行为也出现在设计思维的代尔夫特模型中，用于分析产品或者系统与人的关系，通过对关系背后原因的挖掘，来定义这种互动关系或互动行为的新的可能性。

同样，在服务过程当中，互动也发生着非常微妙且强烈的作用。比如在课堂教学中，我们常说的教学相长，就是在互动过程中通过语言、肢体动作、表情等全方位的信息交互，针对同一问题产生不同视角的观察、争辩，使参与互动的各方都受益。又如在餐饮零售中，服务人员与顾客之间的互动，往往能够在满足顾客需要的同时，也带给服务人员一种价值感。但是在很多标准化的互动较少的服务过程当中，由于服务人员和顾客的互动过程过于简单，且完全按照标准流程执行，不需要服务人员发挥主观判断，造成服务人员价值感偏弱，进而导致其服务态度不够热情。

因此，我们不妨将互动行为理解为不仅应该在服务设计阶段去深入理解顾客的本质需要，同时还应该深入理解这个需要被满足时的场景。也就是说，我们的服务系统本质上要设计出一种互动方式，如果用“5W1H”的方法来思考的话，就是要弄清楚这种互动发生在谁与谁之间、什么场所、什么时间、为什么要发生，以及如何发生。这自然就引出了服务的人员、设施、流程，以及服务的显性和隐性等概念。

例如，《婚姻和家庭》学刊发表的研究显示，由于手机和平板电脑的普及，英国人与家人在一起的时间更多，彼此之间的交流却更少了，即使聚在一起，也是“一起独处”的状态。2015 年，英国家庭这种“一起独处”的时间延长到每天 136 分钟，比 2000 年增加了 43%。在这样一种新的互动背景下，如何适应趋势（比如，餐厅提供 Wi-Fi），继而进行修复或正向引导（比如，开发鼓励家人共同参与的活动），是服务创新必须要思考的问题。

当然，当上升到城市的服务系统的规模时，其规模会导致对服务的多样性需求，而这种多样性最重要的副产品就是会增加人们之间的互动，而互动可能会带来更多的合作、更多的创新，进而产生更大的价值，因此，互动在城市场景下也可以成为一种有效性的指标。

时至今日，随着信息传递的方式、技术和服务的发展，服务互动的方式也越来越多元。服务互动的对象选择突破了空间的束缚，比如英语教育中的互动形式正在对服务质量产生较大影响，现在越来越多的英语教育机构直接把英语为母语的外国人作为服务的提供者，通过远程视频的方式连接需要学习英语的孩子，进行一对一的互动式学习，这就解决了以往外教必须离开自己的国家来到中国，才能与学生当面互动的问题。换言之，在今天的场景下，可能不会再发生玄奘去西天取经的故事了。

在服务的本质属性中，强调顾客作为共同生产者参与服务过程，服务的生产和消费同时发生。从在线教育平台的发展来看，服务的生产和消费貌似已经分离了，这得益于今天的技术进步，而慕课区别于以往的视频教育，其最新的技术平台可以支持其在顾客听课的过程中向顾客提问，及时接收顾客的反馈。但由于实时互动性能的缺失，顾客无法作为共同生产者参与生产的过程，因而慕课的实际效果与教师和学生的当面互动教学产生的效果相比依然相去甚远。因此，互动性对于信息传递质量要求很高的场景来说，依然是不可替代的环节。

近几年兴起的服务机器人初步具备了与人互动的能力，让人眼前一亮，但其让人失望之处也恰恰在于这种互动的能力——支撑这种能力的人工智能还没有达到图灵测试要求的以假乱真的水准。但智能音箱所引领的语音服务行业的发展，以及包括室内定位、近场通信等技术的发展，将使服务提供者以前所未有的方式感知到顾客的需要，也能基于更充分的信息去了解用户的特征与偏好，为更好的互动做准备。

将信息技术、智能机器人引入服务中具有两方面的意义：

第一，它会加速服务流程，比如在医生和病人的互动中，如果有更充分的电子病历信息、医疗影像信息、体检数据，甚至未来有可能有精准的基因信息，医生便不再需要将更多的时间用于望闻问切，而将有更充分的时间直接进行诊断或者直接实施治疗。

第二，互动的质量尤其是互动的精准性将得到大幅提升。充分而丰富的用户信息可以避免由于缺乏对用户的了解，采取会导致用户消极情感的互动手法，比如那些触犯用户特有的禁忌或不符合用户价值观的互动方式，就好比在点餐互动环节中常用的询问禁忌的话术："您有什么忌口？"同时，具备充分的信息并依据这些信息展开数据分析，就可以围绕着用户的主要兴趣点，在一定范围内提供一种多样化的供给。例如，根据历史信息我们得知顾客喜欢吃鱼，算法则围绕着鱼的不同做法积极向顾客推荐餐厅的相关特色菜肴。因此，信息和算法缺一不可。当然，这些基于大数据的用户分析手法带来的收益，一定要考虑在互动过程中让用户感受到被关注、被尊重等方面的心理需求，以做出最好的权衡。

在这方面，近期出现的海底捞机器人餐厅就是非常好的探索，其也因此一举成为网红餐厅。在服务的互动设计方面，海底捞做到了将服务机器人与人的分工的完美融合，并形成了充满新奇感的整体氛围，主要体现在三个方面：第一，前台人机、人人互动，后台用智能机械手臂和自动配菜机提升效率；在前台，传菜这样的简单劳动用智能机器人进行替代，机器人将菜品送至餐桌边，由顾客自行取菜，但响应式需求和特色服务依然由顾客与服务员的互动来完成，比如海底捞的“一根面”，后台则更多由机械手臂进行菜品与订单的匹配，大幅提升了效率；第二，全面挖掘“趣味性”，前台的智能机器人在服务过程中有躲避的功能，躲避时还会进行有趣的对话，而后台的机械手臂则有可变的透明玻璃随时切换开放后厨与否，有揭开“神秘面纱”的效果；第三，互动的场景构建具备探索性质，海底捞智慧餐厅的天花板及墙面采用LED显示装置，随时可以切换成不同场景烘托就餐气氛。

概括说来，互动是构成服务本质的基本要素，是服务创新方法的核心要素，也是服务设计的重要因素。面对日新月异的以技术驱动的互动方式，仅靠创新互动方式产生的好奇心，是不足以维持这种互动方式的生命力的，这就要求服务设计人员要有更加系统的思考，甚至需要具有与心理学、行为学相关的知识和研究做基础。

卓越的组织文化

组织文化，是成就卓越服务的基础。

在此我们以美国西南航空为例，因为它体现了很多服务型组织设计的原理，非常值得我们认真去研究。

美国西南航空是一个什么样的企业？首先，根据2018年的统计，西南航空在美国国内航空客运市场的占有率名列第一（17.8%），219亿美元的客运收益，连续40余年赢利，这在美国竞争激烈的航空业尤为不易。其次，截至2017年，西南航空拥有54 000名员工，曾被《财富》杂志评选为世界十佳最受尊重企业的第三名，换言之，员工非常喜欢他们所在的企业。最后，它有横跨全美84个大城市共750余架最新的飞机，每天超过4 000个航班，始终保持着优秀的发展态势和客户服务水平。

我们再看一下西南航空的财务表现。在早些时候，和美国航空相比，西南航空的客运收益约为美国航空的1/3，但是它所有支出项的成本，包括燃油、起降、租赁、工资等，都明显低于美国航空，所以它的现金表现也非常好，有22亿美元的现金，而美国航空只有1.2亿美元的现金，后来美国航空还申请了破产保护。

为什么西南航空能做得这么好？它的创始人罗林·金和赫布·凯莱赫说过这样一句话："如果你能帮助乘客真正享受准时、低票价、美好的飞行旅程，使之到达他们的目的地，那么乘客将是你最忠诚的顾客。"这里面有三个关键词："低票价""准时"和

“美好的飞行旅程”。这句话明显是西南航空的企业文化，但是西南航空的企业文化绝不是挂在墙上的一句话，它们完整地把这三个关键词落实到了战略、运营的方方面面，这是最值得我们去学习和思考的。

首先，如何做到低票价？在航空服务业的成本构成中，第一部分也是占比最大的部分，是飞机本身涉及的相关成本，包括飞机的购买、维护、燃油、起降。第二部分是人员的工资福利，航空业从业人员的工资相对是比较高的。第三部分是机票销售，也就是通过各种渠道或代理把机票卖出去所需支付的成本。

因此，低票价的核心是降低服务成本，此处总结了几条“西南秘技”：

我们先看一组有趣的数字对比“75∶110”，也就是说，每运营一条航线，西南航空平均只用75人，而其他航空公司要用110人。为什么西南航空用人能够这么少？这是一个关键问题。

第一，西南航空自从成立之后，一直坚持使用波音737飞机。用同一款飞机有什么好处？显然，能显著降低维修成本，在很多情况下，航空公司只需要一套备品备件就可以了。当然，不仅仅是维修，采购成本也会更低。我在2015年去波音总部参观波音总装厂的时候，波音的工作人员就指着一条飞机生产线向我们介绍：这条生产线是西南航空定制版的波音737飞机生产线。可以想象，西南航空这样的批量采购显然会得到更低的采购价格。此外，从飞行员、空乘人员的培训角度来看，同一机型的培训针对成本也会更低。

采用同一机型也提升了西南航空的服务运营的灵活性。当一架飞机出状况的时候，西南航空可以随时调过来另外一架一模一样的飞机。机组人员完全不需要更换，也不需要适应，因为飞机没有任何差别。千万不要小瞧这个因素。因为在航空领域有一个重要的概念，叫作超售。例如，假设我的航班有 100 个座位，在卖票的时候我会刻意卖 105 张票。之所以要卖 105 张票，是因为临到航班起飞之前，一定有些人会退票。假定恰好有 5 个人退票，正好剩下 100 人乘机，于是飞机上一个空座都没有，这是最为理想的情况。对于飞机来讲，一旦飞机起飞，这时候如果空着一个座位，这个座位的能力就被浪费了，为了减少空座率，航空公司会选择超售。

但是，万一 105 个乘客都来了，应该怎么办呢？很简单，给乘客免费签转到下一个航班，并给予一些额外的经济补偿。这是航空公司常见的做法，事实上，超售的背后需要有一套精确算法来计算应该超售多少张票，这在管理科学领域叫作收益管理。

超售这件事情我就遇到过，某次我从上海回北京，当我去航空公司柜台办理登机牌的时候，大概有 20 个人在排队。接下来，机场的服务人员告诉我们："对不起，我们今天的航班超售了，现在本次航班只剩下一个座位。其他乘客我们可以给您迁转到几个小时之后的下一个航班，并且我们给每位乘客补贴 300 元。"当时我十分疑惑地问机场工作人员："我能理解航空公司超售的行为

（我们专业也做收益管理的相关研究），但是你们怎么可能一下子超售 20 张票？”航空公司的服务人员解释说，因为航空公司临时更换了机型，所以导致很多人没有座位。

注意，这就是航空运营管理中的重点。航空公司临时变更机型，会因机型之间的差异导致异常的超售，从而给运营造成困难（不仅仅是增加成本压力，还会导致顾客满意度的问题）。这时我们就能够理解西南航空的优势了——它随时换的另外一架飞机是一模一样的。

据称，曾经美国航空为了对抗西南航空这样的廉价航空公司，推出了自己的一个廉价航空子品牌，叫人民速运，但这个子品牌很快就破产了。因为它忘了学习西南航空的重要秘诀，而是用了 60 多款机型，其破产相信一定与其采用多种机型调度而难以达到廉价航空基因中的便捷、高效运营是不无关系的。所以说，使用单一机型有非常多的好处，无论是对运营、采购还是培训和维修保障来说都是如此。

第二，全面采用自助化。西南航空大量使用网站和柜员机来支撑其服务流程。2002 年我在美国读书的时候，如果乘坐西南航空的航班，我就完全可以在家里提前用打印机打出一张 A4 纸大小的登机牌去登机，到了机场我什么都不用做，直接去安检即可。时至今日，我们已经初步适应了使用手机二维码的登机牌这种便捷的设计。但在当时，十多年前，西南航空的客户就已经可以在家里自己打印登机牌了，这种自助服务的广泛采用，可想而知能够为西南航空节省多少人工。因此，全面的自助化是西南航空的重要的服务设计。

第三，以员工为中心的企业文化。西南航空平均每运营一条航线只需 75 人，人工成本更低，然后它把省下来的钱用来给员工提升福利了，所以西南航空的员工福利是整个航空业中最好的。虽然它是廉价航空，它的机票很便宜，但是它的员工的工资福利都特别好，所以它的员工队伍非常稳定。

我们再看第二组数字对比，更有意思：西南航空的 15~25 分钟与其他航空的 45~60 分钟。

在航空服务中有一个重要的运营指标叫航班周转时间。一个航班在飞到机场后，乘客开始下飞机，之后工作人员做各种切换和准备工作，然后下一班乘客上飞机，飞机飞走，中间的周转时间就叫航班周转时间。

西南航空只用 15~25 分钟就可以完成周转，而其他航空公司平均要用 45~60 分钟才能完成周转。这个周转时间有着重要的意义，在航空业这样的资本密集型（飞机就是重要的资产）服务业，如何提升企业经济效益？一定是想方设法提高资产的利用率，从而降低成本，提高经济效益。仅航班周转时间更快这一项，西南航空的飞机就能比其他航空公司的飞机每天多飞两个小时，这就是它挣钱的道理，即以更高的资产利用率，发挥规模效益。

反过来讲，其他航空公司也应该很在意航班周转时间，为什么西南航空在航班周转时能做到这么快？在这方面，西南航空有一些有趣的做法。

第一个策略叫作快速登机，分组不分座。我们在乘飞机时都已经习惯了在换登机牌的时候挑选或者被指定一个座位，再去登机。在西南航空没有座位号（近几年它的某些航线上也开始设有座位号），仅告知乘客 A 组、B 组或 C 组登机，只是给乘客分一下组。那么没有座位号，乘客上飞机后应该坐哪个座位呢？答案是喜欢坐哪儿就坐哪儿，跟大家上公交车抢座位一样。如果你想要坐好一点的座位，就需要抓紧时间早点儿冲上飞机去抢座位。如果两位乘客想要挨着坐，那他们更要早点儿登机去抢座位。当所有的乘客都是带着抢座位的心态去登机的时候，我们可以想象一下登机口是什么状态？乘客早早就来排好队，门一开就迅速冲进去开始抢座位。西南航空正是在利用乘客抢座的心理，实现了乘客的快速登机。我们不妨回味一下自己坐飞机的经历，往往最令大家头疼的情况就是大多数乘客都已入座，还有几个乘客一点都不着急，等着广播一遍一遍地呼叫。

不要小瞧分组不分座这个操作。在登机时，我们时常会遇到这样的情况：按照座位号来登机。比如，航空公司会广播：先请第 30 排到第 50 排的乘客开始登机，一会儿在广播请第 10 排到第 30 排的乘客开始登机。之所以要让乘客从后往前登机、让后排的乘客先上，是为了让登机的效率更高，避免前排的旅客在放行李的时候堵住通道，影响登机效率。所以让后排的乘客先进，让前排的乘客后进，这是航空公司经常采用的做法。

我们来分析一个细微的差别：有些优秀的航空公司做同样的事情，从后往前登机，但它们不说从几排到几排的乘客，而是把乘客分成不同的组别，座位最差的，比如第 30 排到第 50 排，编为 A 组，再往前是 B 组，最前排的是 C 组。这样做有什么好处？本来大家购买的机票是一样的，但分配给你的座位是五十几排，你的心情已经受到影响了，如果广播还再次提醒你，请五十几排的乘客开始登机，于是，你在众目睽睽之下，朝着一个十分靠后的座位开始登机。分组会产生什么效果呢？虽然你是五十几排，但是作为 A 组的乘客，你也隐约觉得自己领先于 B 组和 C 组的乘客，这就是照顾到了乘客细微的心理感受，这很重要。

另外，国外有很多大一点的机场会把头等舱的登机口和经济舱的登机口设成两个不同的入口，而不是在同一个登机口划分出两条通道。将头等舱和经济舱的登机口设成两个互不干扰的通道，其实也是为了照顾乘客的感受，避免经济舱的乘客可能因为头等舱的优先级高而使情绪受到影响。所以，关注、照顾甚至“利用”顾客的心理，在服务管理中是很高的境界。

第二个策略是小机场策略。西南航空为什么周转特别快？很多航空公司都会去抢美国的大机场的各种资源，比如廊桥、跑道。西南航空却另辟蹊径，避开这样的大机场。比如去旧金山，西南航空很少使用旧金山国际机场，而是更多地使用跨过海湾大桥就能到达的奥克兰机场，那是个小机场，没多少航空公司跟它竞争。在那儿，西南航空就有更高的优先级，这样自然就能更加容易做到快速周转。

当然，最有效的时间节约来自其第三个策略：交叉培训。我们回想一下一个常见的乘机场景：最后一个下飞机的乘客，会发现通道里面有一些人在列队等着你下飞机，他们通常是机场的地勤保洁人员，他们要等所有乘客都下了飞机之后，才能登上飞机打扫卫生，收拾完卫生之后，下一班乘客才能上飞机。

这是一个典型的串行系统，就是先做A，再做B，最后做C，按照顺序做事。做流程优化的人率先想到的优化方式就是把串行系统改成并行系统，即让一些环节同时开展，以节约时间。那么在乘客下飞机的时候，哪些员工是空闲的呢？空乘人员。一般航空公司的空乘人员在这种时候一概是站在通道边上，说一些感谢的话，并没有其他事情可做。西南航空则是乘客一边下飞机，空乘人员已经开始打扫卫生了，等乘客全部下完飞机，机上的卫生已经收拾得差不多了，这就是典型的把串行系统改成并行系统，大幅压缩了中间的周转时间。

在空乘人员打扫卫生的同时，机长会去给下一班乘客检登机牌。这就是西南航空一条航线只需75人的原因——其他航空公司用的某些特定类型的地勤人员西南航空一概不用。但是这么做可能会产生什么问题呢？凭什么其他航空公司的机长可以下去休息，而西南航空的机长需要去检登机牌？显然，西南航空的机长的工资比其他航空公司的机长高。换言之，西南航空的逻辑就是降低一切可能降低的成本，一部分通过低票价让利给顾客，一部分通过高福利让给员工，这就是它的公司文化的核心。所以它要尽一切办法去降低成本。交叉培训是实现快速周转的重要原因，员工福利高、待遇好、动力足，所以它用人就少。

最后一个支持西南航空实现低票价的因素就是电子客票和自助登机。西南航空很早就几乎不用旅行社或代理商来帮它卖票了，其几乎都是在自己的网站上售票。曾有人做过一个对比测算，通过旅行社、代理商卖出一张纸质机票的成本是 10 美元，而在网站上卖一张电子机票只用 50 美分。别忘了，西南航空会想尽一切办法把可降低的成本降下来。

同样的例子还体现在托运行李方面，西南航空不提供免费托运行李的服务。此举有什么好处呢？显然，如果乘客都少带点东西，航空公司可以减少大量后台操作人员的工作压力，并且飞机飞行时的总重量会降低，这会大大减少飞机的燃油消耗。

此外，西南航空的飞机上不提供免费餐食。我们在坐飞机的时候经常遇到品质堪忧的飞机餐，这样的飞机餐非常鸡肋，某种意义上说，飞机餐的费用含在你的机票票价里，“吃了可能胃疼，不吃可能心疼”，所以很鸡肋。既然不是每一个乘客都需要吃，还很可能有的乘客吃得不满意，因此，西南航空的策略是索性不让飞机餐成为一个必选的项目。但是，西南航空同时又提供很多好吃的，真正有需要的乘客可以花钱购买。

这在某种意义上来说是一种分离策略（在服务创新原理中我们会详细解释），它把以前的必选项抽取出来去掉，因为不是每个人都需要，再针对真正有需要的群体，提供高品质的收费服务。所以，西南航空很早就把咖啡都换成星巴克咖啡，但乘客要花钱买，同样，它的飞机上的三明治等食品也都非常好吃，但也要单独花钱购买，所以这是西南航空的重要经营逻辑。

接下来，我们探讨一下第二个关键词“准时”，这对航空业来说堪称头号痛点。

众所周知，“准时”在航空业非常难做到，而西南航空采用的策略是点对点飞行和小机场策略。什么叫点对点飞行？美国的航空网络是轴辐式网络。也就是说，将几个中心大城市如西海岸的洛杉矶、东中部的芝加哥等航空枢纽设为中心节点，一些中小城市、二线城市则通过支线飞机连接到这些枢纽城市，在枢纽城市之间，安排开干线的频繁往返的大飞机，如 A380 这样的机型，这样的网络就叫轴幅式网络。这种航空网络的典型的好处是经济。把中小城市的需求聚合到中心节点城市，中心节点城市之间利用大飞机发挥规模效应，因为大飞机一次能运更多人，加之大飞机频繁往返，所以整个网络的经济性很好。然而，从服务的角度来看，轴幅式网络存在天然的缺陷。对旅客来讲，时间是个大问题，因为经常需要中转，而且万一遇到异常天气而没有成功中转，旅客就会被迫滞留在机场了。

既然中转是旅客很不喜欢的事情，西南航空就另辟蹊径：专门开通点对点飞行的航线，即把二线城市直接连起来，或者把二线城市和远端的一个中心城市相连，这样就显著减少了转机的情况，大幅减少了延误，提升了服务水平。其他的航空公司为什么轻易不敢开这样的点对点飞行呢？因为把二线城市直接点对点地连起来，其实是有风险的，那就是客流不足，导致航线时常亏损运营。

而西南航空用的737型飞机是窄体飞机，从载客量来说，较小的载客量恰恰使这种机型最容易应对客流不足的状况。如果连这种类型的飞机都坐不满，则说明这条航线的市场有问题，不值得开通。西南航空正是基于这样点对点的飞行的细分市场，所以可以比别人做得更加准时。

第三个关键词是“美好飞行旅程”。我们几乎从没看过任何一家其他公司明确地把“幽默感”这三个字写到员工招聘的要求里，也就是说，你如果没有幽默感，就不要来应聘西南航空了。

此事背后有很深的管理学道理：不是任何人经过培训，都可以做任何事情的，而要根据岗位的需要选拔适合做某项工作的人才。

对于西南航空员工的幽默感，我有过一次印象深刻的体验。当时我一上飞机就倍感意外。因为在国内我们习惯了看到的都是靓丽的空姐、帅气的空少。而一上西南航空的飞机，迎接我们的是一位颇有些年纪的“空妈”。进了机舱，我发现飞机上的座椅实在老旧，就像20世纪80年代公交车上的椅子，不免有些失望。我的整个航段大概是一个半小时的飞行，那位“空妈”几乎一刻不停地在用对讲机跟乘客聊天，一会儿说说天气，一会儿说说她的心情，反正你想睡觉是很难的。整个环境非常和谐，“空妈”非常幽默。还有一次，西南航空的机长在飞机降落到纽约之后在广播中说道：“很高兴地告诉大家，我们顺利到达了多伦多国际机场。”乘客一阵愕然，为什么飞到了多伦多？但紧接着，机长说道：“我在开玩笑，我们到达的是纽约。”

所以，西南航空的幽默感真的是落实到了其招聘工作中，继而体现在其运营体系中。

另一个体现幽默感的例子是西南航空的 Ding 平台。它曾拍过这么一支广告，在一个大家庭的聚会上，一家人给一位老人过生日，老人的女儿端着一个很大的蛋糕，上面插满蜡烛，从厨房往外走，一家人给老人唱着生日快乐歌，场面欢乐祥和。这时候，突然“Ding”的一声，老人的女儿把蛋糕扔到一边，急忙跑回自己的房间，只见她的电脑屏幕的右下角有个小小的机翼状的图标在闪，她用鼠标点开之后才发现是西南航空从她的城市出发有特价机票了！这个程序就是西南航空的 Ding 平台。

Ding 平台拥有 200 多万个西南航空的用户。我认为这是航空领域营销方面的重要创新。直到今天，我们在什么情况下会去查机票价格呢？通常是先有明确的出行的想法，比如说要去开个会或者去度假，然后赶紧查一下机票价格。西南航空的 Ding 平台则是不管你有没有出行计划，先把特价机票信息主动推送给你。注意，这跟我们司空见惯的垃圾短信是不一样的，西南航空做的是定制化推送，即按照会员的喜好，推送与其所居住的城市或者其一直在关注的城市相关的特价机票信息。

这种主动的推送系统是一个重要的创新——需求有的时候是可以刺激出来的。Ding 平台主动联络它的会员进行定制化推荐，而这个场景也被拍成了一支非常幽默的广告传递给受众，这就是西南航空创造的充满乐趣的体验。

各大廉价航空纷纷效仿西南航空努力降低成本的做法，但做得过分了就成了“东施效颦”。爱尔兰的瑞安航空就曾经产生过一个标新立异的想法：把所有飞机上的洗手间改成投币的，后来因为争议过大而没能实施。这实在不是明智之举，我猜想，如果它真的改成投币的，那么大家是绝对不会再去买饮料喝了。服务是一种综合的体验，永远要把用户体验放在中心位置。

西南航空的文化和它的服务设计理念是密切关联的。所以，我们应该向西南航空学习将企业文化中的关键词完美地落实到战略、运营的方方面面。

此外，激励也很重要，那么怎样引导员工进入相应的状态？显然，福利待遇是很重要的一个方面。除此之外，我以国内某电子通信品牌企业为例介绍一种激励方式。这家企业在多年前曾经请咨询公司给它做了一个庞大的薪酬与激励计划，叫作 LTC（Lead to Cash），意为“现金导向”。在这个计划的指导下，管理者让所有部门明确本部门做的每个项目的现金回报时间，据此进行考核。但在执行中管理者很快发现研发部非常不适用这样的激励体系。尤其对于基础研发，这样的体系只会导致员工关注短期行为，短期什么时候能带来现金回报成了大家最在意的事情，但是基础研发恰恰是充满不确定性、需要做长期铺垫的。在发现问题之后，管理者立刻对这个部门进行独立的考评，不再用 LTC 考核体系。

工作环境同样体现了文化的一部分，不同的企业因工作场景不同，需要不同的工作环境。比如劳动密集型服务工厂，重点是提高效率，环境设计应从布局、流水线平衡，甚至是全自动系统的应用等方面入手。大量的设计公司则需要一种开放性的能让设计师充分发挥想象空间的环境，便于设计师之间能够无障碍地交流。所以，服务系统内部工作环境的设计也很重要，能够保证员工在工作时的投入度和效率，巧妙的工作环境设计甚至能够起到提升员工士气和认同感的作用。

服务设计与创新的原理与方法

第7章　服务设计与创新原理

设计是探索更多人的需要，艺术则是在探索边界，但从迪士尼乐园的设计经验来看，其最早期的设计核心是故事编剧，即写剧本的人；然后是设计师，其决定怎样设计场景让这些人物更好地在这些场景中展现；最后是工业工程师，其决定使以上的设计在工程上更好地实现。与美国的很多科幻电影给了科技创新不少源头启示一样，亚马逊 Echo 智能音箱的诞生正是得益于贝佐斯受到《星际迷航》里宇宙飞船中的隐藏电脑的启示。所以从本质上讲，如果把包括科幻在内的各种文学创作的作家当作设计师来看待的话，可以说未来是由设计师决定的，当然，这同时也需要科学家、工程师对于原理和具体技术的探索，从而最终共同实现这些设想。从服务创新理念来看，我们同样需要一种从源头出发的设计理念的引领，而不仅仅是简单地了解用户的偏好。

当然，在这个引领的过程中，设计理念也是对一些深层次的、不变的，包括美的、人性的需要和趋势的一种深刻理解。比如随着智能家居在生活中的不断渗透，我们的生活可能会变得越来越便捷，甚至未来可能会出现连手机都不需要携带的场景，因为显示设备、语音采集设备无处不在。但是这种无处不在、极致的便捷是否又会带来另一层面的恐慌？比如可能会引发我们对原始状态的渴求与回归——希望回归一个没有智能化、现代化和信息化的纯自然场景。

所以更高层级的设计可能是双向的，并非全面地超越和否定过去，而是对于从历史到现在再到未来的一种更高格局的跨越时间概念的思考。在这里，我们提出原体验、再设计、多样化这三个方面的服务设计思维。

原体验

人类在不断改造自然的过程中，基于对各种工艺过程、工业体系的感知风险，以及对自然的眷恋甚至歉疚，会产生一种强烈的回归原始或者探究源头的潜在欲望，面向满足这种欲望的服务体验，我们可以定义为原体验。原体验的 6 种主要模式如图 7–1 所示。

图 7-1　原体验的 6 种主要模式

原产地

举一个例子，我们都知道新疆的一大特产是哈密瓜，而哈密市的哈密瓜最为出名。为了提高当地百姓的收入，哈密政府提出了一个“777”计划，即将当地的瓜在七夕节这天早上从田间摘下，送上波音 737 飞机，在 7 个小时之内送到客户家的餐桌上。这意味着果实从摘下到送达客户的餐桌上，仅需不到 7 个小时的时间。这个“777”计划听起来很有意思，它的重点是什么呢？我们来了解一下这个计划的整个过程。首先，这种瓜是定制的，即当它还是一棵小瓜苗的时候，就由客户认领，被认领后每一棵瓜苗会有一个和客户绑定的编号，客户可以通过安置于瓜地的摄像头，随时观察自己认领的瓜苗的长势。等到这棵瓜苗上的果实成熟以后瓜农便在七月初七这天摘下来，7个小时之内给客户送货到家。

这种瓜的销售效果如何呢？本来哈密瓜在市面上的价格大概是20元一斤，而这种7小时到家的私人定制瓜售价高达98元一斤，并且一抢而空。据说在当地都吃不到最好的瓜了，因为好瓜全被“私人定制”了。对于瓜农来讲，为什么他们会有积极性做这件事？我们来算一笔账：原来瓜农一亩地的收入可能是2 500~3 000元，自从有了定制瓜之后，一亩地的收入提高到6 000元。瓜农热情高涨也就理所当然了。

对于吃的东西，人们很多时候会有这么一个意识：如果某个东西的信息指向它的原产地，人们会觉得它很正宗，会愿意支付高价格。当然，还有另一个思路就是让客户直接到原产地去自行采摘，地方旅游中的采摘项目就是这个思路。无论是“田间到餐桌”还是“采摘游”，都是原产地思维的体现。

原文化

原文化主要是指，人们怎样复制或回味之前的文化。比如说一间茶室里摆放着一张设计得非常漂亮的茶桌，而这体现的中国的茶文化才是真正源远流长且影响世界的东西。

现在人们都很意愿去一些类似于茶室的场所，去那里看看书，喝喝茶，聊聊天，感受浓浓的禅意，让自己静下来。另外一个原文化的例子当属在大城市逐渐兴起的办公室货架，如图 7–2 所示，类似场景已走入人们日常。

图 7–2　办公室无人货架

这种办公室无人货架没有任何安保措施。当你拿起一个商品时，你只要扫码交钱就可以了。所以这个场景其实在提醒我们回到一种“夜不闭户、路不拾遗”的原始诚信状态。据说，在有些边远山区的村子里，至今还存在着这么一种交易状态：农民把菜摆在路边，顾客挑选后放些钱就可把菜拿走，农民劳作归来再把钱收走。类似这样美好的原始状态，也在提醒着我们，源远流长的中华文化本身，在现代服务业中极有可能成为非常受欢迎的“清流”体验。

原工艺

图 7-3 所示青岛啤酒最早的罐装与清洗设备，看到它我们仿佛瞬间看到了青岛啤酒的源头，它最早由德国人带来的工艺和机器酿造，通过历史的呈现，把时间熔炼成了品质。这就是一种原工艺的状态。很多古法酿造、故事传承便是这一思路的体现。如今消费者越来越喜欢了解产品的制造工艺，通过这种场景的传递，大家会更相信产品的真实性。

图 7-3 青岛啤酒最早的罐装与清洗设备

原记忆

图 7-4 所示的“为人民服务”的杯子有没有让你觉得很亲切？如今这样的产品已经形成了一个特殊的品类，唤起人们对上个时代的回忆。

图 7-4　“70 后”“80 后”记忆中的杯子

再比如，远近闻名的长沙文和友小龙虾馆，因在 2020 年“五一”期间创造了排队 12 小时、共 16 000 桌的纪录登上了热搜榜。它的一家全亚洲最大的龙虾馆，其入口设计为残破的台阶和砖墙，犹如一个时空隧道，带领顾客穿越回到 20 世纪 70 年代老长沙的街头巷尾，配合陈旧复古的街景，路灯、店铺小馆、窗户、家具，每一处都非常细致，似充满烟火气息的长沙老社区，其不仅吸引了长沙本地的居民前来寻找记忆中“长沙的样子”，也吸引了来自全国的游客，来到此处领略独具特色的长沙街巷氛围，品尝地地道道的长沙小龙虾。所以这种原始的记忆，实际上是会引起消费者的强烈的消费冲动的。

图 7–5　小型复古老长沙–文和友小龙虾馆

图片来源：https://www.sohu.com/a/285310342_505162

诺曼在《设计心理学》中说过：“一件心头所爱的物品是一个象征，它可以让人建立积极的心态，可以唤起一段快乐的记忆，或者有时可以代表一个人的自我。”因此，时代特征和群体记忆具有关联性，这个群体就契合了设计对较为广泛的客体的需要。比如，最近几年在北京有一款饮料突然火了起来，它就是北冰洋汽水。这款饮料此前几乎已在市场上消失了，结果被很多喝着北冰洋汽水长大的“80 后”炒了起来，一时间势头强劲。所以这种原始的记忆，能引起人们强烈的消费冲动。

著名心理学家埃伦·兰格教授曾对一群老年人做过这样一个实验：为老人复制 20 年前的生活。结果显示，被试老人仅仅通过“穿越”回过去就获得了更加年轻、更加健康的身心状态。这也从另一个方面证明了积极的心理映射能够对人产生强大的影响力。原记忆本质上正是利用了心理方面的映射力量。

原基因

人类虽然进化了这么多年，但由于近几百年的社会变化之大，我们身体的进化远远没有跟上社会变化的节奏。于是就产生了这么一种现象：在工业文明彻底改变了我们的生活方式之后，隐藏在人类基因中的特征又提醒我们，符合“原始”状态的场景能让我们感到愉悦。

例如，我们在看到更多的绿林时，心情会畅快一点；看到大山、大海时，心情会更开阔一点。这点刻在我们的基因里，因为在原始人的年代，人类就生活在这样一个环境中。再如，听一些山水之声或虫鸣之声人更容易入眠，那是因为这类声音带我们回到了一种原始的自然状态。

图 7–6 所示为纽约的高线公园，这个公园原来是几栋大楼之间的一段城市轻轨，后来大家觉得轻轨噪声太大，加之年久失修，政府干脆把这条轻轨拆了，全部种上绿草和鲜花，改建成一条步道供人们行走，让人们在行走中产生一种回归原始自然的感受，这也源于人类基因里崇尚自然之故。所以服务设计者在做服务创新的时候，要认真去探讨这种模式，在基因层面让顾客不知不觉地获得怡然自得之感。

图 7–6　纽约的高线公园

图片来源：https://zinco-greenroof.com/references/high-line-park-new-york-city

原材料

如今我们在商场里时常能够见到这样一种机器，机器外层是透明的，顾客能清楚地看到里面摆着很多橙子，下单之后，几个橙子就会掉到机器里，片刻之后，一杯鲜榨橙汁就出炉了。比起在超市里面买一瓶包装好的橙汁，很多人更喜欢这种鲜榨橙汁，因为后者能让我们看到它的原材料，这种现场加工出来的橙汁让人更安心。

服务业要思考如何让消费者更接近产品的原始状态。这个思路反过来讲也适用，当消费者拿到一瓶橙汁，却不清楚橙汁的厂商是从哪儿采购的橙子，这种橙子是什么品质，加工的时候有没有很好的食品安全控制措施，又经历了怎样的物流过程到了现在这个超市的时候，消费者心里就会冒出很多问号，也就是充满感知风险。

但如果消费者能在现场看到原材料，亲眼看到产品是如何在现场加工出来的，消费者就会觉得很舒服、很放心。在这种情况下，原体验可以由服务包中的核心资源之“原距离”来定义。例如自动售货机卖的橙汁，经历了橙子生产、橙汁生产两个环节，外加橙子运输与橙汁运输两个物流环节，再加上零售端的存储、上架，共 6 个环节，“原距离”为 6，而类似于“5 个橙子”这样的自动鲜榨橙汁，只有橙子生产和物流两个环节不可见，“原距离”为 2，这样就构成了比较显著的优势，大幅降低了用户的感知风险，而这也是原材料的核心原理。再如图 7–7 所示的冰棍，消费者能够直接看到冰棍中嵌入的切块草莓，因此就能判定它确实用了真材实料。

图 7-7　看得见果肉的冰棍

综合来看，原体验代表了顾客深层次的感官体验的需要，正如轩尼诗干邑 CEO 培龙所说，人们希望了解佳酿背后的缔造者，了解它的产地、人文以及工艺。这代表着技艺、工艺、精神和品位的回归。

再设计

根据日本设计师原研哉的理念，再设计是将“已知事物陌生化”的过程，我认为这对于服务设计是同样有效的重要原理。

某项新服务，很可能是针对之前司空见惯的某种模式的“再设计”。例如，WeWork 对办公这件事进行了再设计，尽管它以“共享”的外衣示人，但其本质是在挖掘办公需求的全新供给。同理，在美国，由 WeWork 参与投资的细分品牌 The Wing 直接面向女性的办公和社交需求，全面颠覆了办公的传统形式，为会员提供哺乳室、免费 Glossier（美妆品牌）或香奈儿产品的美容站，这种体验开创了一种独特的文化和氛围。其会员依托 The Wing 的人际网走上创业之旅的比比皆是。

当然新服务也可能是在对行业领域长期专注、深度思考后进行再设计的结果。例如，作为中国的企业培训服务商，考试星最开始以考试服务的形式进入企业培训领域，它通过长期的专注与思考发现了“快节奏学习”的趋势，推出了“短视频 + 练习”形式的轻学习产品，颠覆了以往企业员工观看长视频课程的传统线上学习形式，企业员工日学习活跃度达 85% 以上，让培训真正落地且有效果。考试星平台到目前为止已累计服务了 3 500 万学习、考试人次，受到了广泛好评。

因此，“不以现状为然，不因熟悉而困”，是再设计的核心逻辑，我们不妨从感官、反思、设计与艺术等几个方面探讨再设计的方向。

从五官到“万官”

佛教的经典《心经》中，讲到眼耳鼻舌、受想行识，前者属于五官的范畴，而后者从社会心理学的角度来讲，属于从行为到态度再到信念的递进过程中的组成部分。所以从服务的角度和顾客的角度而言，我们可以将“眼耳鼻舌”这样的五官视为服务体验信息的采集工具，“受想行识”则是基于这些采集到的信息，通过大脑予以处理，形成某种信念，然后将之转化为行动。

日本设计师原研哉提到的人体的信息架构，从某种意义上说是延展了五官的范畴，他认为人的身体中的任何一个部位都可以存在一个大脑，这就在提醒我们，服务的创新设计应该思考如何更加充分地采集、分析信息，我们应以什么样的方式、以什么样的五官甚至是“万官”来获取服务的信息，这一点又恰好和设计思维中经常用到的工具“共情地图”不谋而合。在“共情地图”的结构当中，主体的结构来自用户的所想、所见、所听、所说、所做，然后据此总结出用户的痛点和需要。

这些方法都提醒我们要重点研讨如何充分用五官甚至“万官”来采集信息。以零售业为例，其传统的采购模式是到集市上根据计划清单采购，当然，采购过程中也会发生一些计划外的购买，但是本质上人要移动到集市或超市，然后产生购买，再回到自己的生活场景中完成对这些商品的消耗。电子商务给生活带来的变革是消费者不必移动，在 PC 端（电脑端）或手机等移动端下单即可购买商品，这得益于设备的发展，消费者从动腿变成了动手，并且动手形式也不断在发生变化，从要在一个固定的场所登录电脑用鼠标点击购买，到随时随地可以通过移动设备上网，同时只要动动手指即可完成购买，亚马逊的 Echo 音箱则让消费者在房间里或者音箱所能覆盖的任何区域动动嘴就可以实现购买。这个过程中信息采集的手段发生了变化，这种发展趋势从直观意义上来看，是人越变越懒，如果上升到生理层面来看，就是人们在不断地优化自己的生活方式，使自己消耗越来越少的能量，这是一种很高层面上的精益的自觉。

诺曼在《设计心理学》中将产品设计要素归纳为可用性、美学和实用性，对应着人们不同层级的需求，其中较高层级的需求在于情感。所以服务设计者要通过设计去表达故事，进而表达对美的追求，传递美的价值观。从一些艺术设计项目来看，能够建立不同感官之间的关联设计，往往能够让美感从一维变为多维，因此能够引发超越行为层面的反思，带来独有的愉悦。例如，图 7-8 所示为东京森美术馆展出的一个设计，该设计通过琴键与香水把音乐与香味关联起来，打通了听觉与嗅觉。著名设计师原研哉为日本

图 7-8　东京森美术馆展出的琴键与香水

冬季奥运会设计的节目册的封面，则通过白色与凹陷的字体传递出皑皑雪地上留下的脚印的感觉，打通了视觉与触觉，如图 7–9 所示。

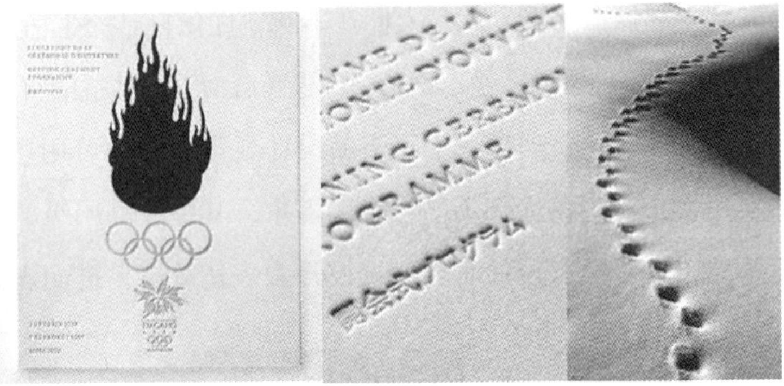

图 7–9　长野冬季奥运会开幕式的节目册

图片来源：原研哉：《设计中的设计》，山东：山东人民出版社，2006

考虑到人脑的认知负荷，从五官到“万官”的发展过程，或许不能被简单地认为其效果是线性递增的，但至少这样的探索是产生深度沉浸、启发反思的再设计方法，也是符合体验经济方向、开发新的物联网价值场景的关键路径。

平衡的力量

我们的世界和我们的生活始终存在着一种平衡的力量，这种平衡的力量会在微观层面展示出不同的趋势。例如无印良品，就是在一个趋向于更加复杂、丰富、更多色彩甚至是过度包装、过度制造的场景下出现的一种回归，它用更精简的包装、更接近源头的产品带给知性群体一种反思，这是与主流潮流相反的一种趋势，但这种相反的趋势在竞争中又形成了一种差异化优势。

就像随着城市化的发展，越来越多的生活在钢筋水泥中的城市人群开始呼唤回归自然，希望在自己的闲暇时间能够更多地去亲近山水或农田，这些都是追逐“原体验”的表现，这在更高层次上反映了一种平衡，这种平衡就是始终让人类趋于求变与创新，又始终让人类趋于反思，回归自然。在过去、现在和未来之间，有一种力量推动着人类如钟摆一般摇摆，最终达到一种更高层次的多样性。这在服务设计中可以带给人类一种方向性的思考：其中的变是由一个不变的道理驱使着，而这个不变指的是事物始终在运动、始终在变化，即变才是永恒的不变。

回归服务创新本身，一个优秀的服务设计者应该能够在这种变与不变之间寻找到自己的方向和边界，并且做到平衡。如果用工程化的思维来理解，我们不妨将一些维度转换成可以进行一定程度量化的指标，比如个性，个性的极致表现是艺术家的表达手法，而较之个性化弱一些的设计师品牌，就需要用适当的个性捕获相应的一个群体，当然，这样的群体往往是小众的，再往下一个层级是个性化更弱一些的大众化的商品满足的是人们的一些基本需要，强调的是产品的功能性，其服务的群体也更加多元与广泛。

因此，基于上面三种形式，我们不妨定义一个“个性密度”的指标，当一个商品的个性密度达到极致的时候，它可以是一对一的、独一无二的，一些绝世名画、雕塑正是这种尺度的代表，而个性密度的合理分配会和我们需要触及的群体的规模、特征建立联系，这种联系背后需要辅以适当的生产方式。

设计及艺术的世界

在谈到服务创新的主题时，我们特别强调设计的关键作用，茑屋书店创始人增田宗昭在其著作《知的资本论》里，更是断言未来的企业是设计师的企业。我们的印象中有两类设计师，一种是建筑设计师，一种是产品外观设计师，而书的封面设计师和服装设计师更像是艺术家。当我们讨论一个复杂的装备比如机械装置时，我们印象中的设计师多为资深的工程技术人员。当我们谈论服务设计的时候，恐怕前者的印象成分会多一些。因此我们有必要探讨一下设计与艺术的关系。

从表达的目的来看，艺术家更在意对某种边界的探讨、对某种极致的表达，而设计师会照顾到多数人的感受，他们发挥的空间大多是我们生活中还要实现一定功能性的产品。

设计师的思想从某种意义上说更接近于墨子的兼爱，因为他们心里装着多数人，要代表多数人去探讨一种更美好的生活方式及这种生活方式所需要的产品和服务。从这种意义上说，不妨将设计师定义为一些懂艺术的匠人，当然，这样讲绝不意味着他们的艺术水准不如艺术家，一个很好的例子就是浮世绘。

浮世绘是来自日本民间的一种艺术，它被广泛使用在包装纸上，这些包装纸随着一些瓷器流入欧洲，进而在欧洲对凡·高等一批画家产生了重要的影响，我们甚至能从他们的画作当中看到日本浮世绘的一些元素，如图 7-10 所示。

图 7-10 凡·高的《唐吉老爹》

图片来源：凡·高，《唐吉老爹》，1887—1888 年，巴黎罗丹美术馆

当然，也正是因为这种类型的设计对于艺术素养的要求比较高，因而在一定程度上限制了设计师的发挥，尤其在科技日新月异的场景下，就出现了两种趋势的探索。

一种趋势是设计师致力于学习和发展，例如，一些新锐的设计师在探讨运用一些最新的科技，比如柔性显示、增强现实等技术，以一种全新的手法定义最新的产品和最新的服务。

另一种趋势则是让更广泛的群体具备设计师的思维，这就是时下非常受欢迎的设计思维。它将设计的过程通过一些基础的行为学研究和对创新活动的观察，提炼成一些流程、方法和工具，让普通的创新团队也能够像设计师那样思考，能够针对顾客真正关心的问题，通过深入挖掘交互的方式及这种方式背后的原理，再加上对用户痛点和对趋势的研判，以一种看似混乱实则有序的试验和迭代，打造全新的解决方案，甚至形成可行的服务系统。

第二种趋势其实降低了设计的门槛，让人人都可以参与设计活动，这与阳明心学的“人人皆可为圣贤”以及其“知行合一”体系当中的“事上练”等原则是一致的，而其妙处更在于它不仅仅鼓励我们在“事上练”，同时还有相应的流程、方法和工具引导我们合理地练、高效地练。这种理念和逻辑也是我们服务系统设计所推崇和提倡的。

回到设计和艺术的主题，从本质上讲，无论设计朝什么样的方向发展，它和艺术一样，都是致力于探索和构建更加美好的生活及更加美好的社会。因此，站在这一层面，将两者有机融合比让两者泾渭分明更有价值。

在实践中，一种常见的将设计和艺术简单融合的形式，就是在服务系统中，通过引入一些与服务价值、服务理念相匹配的艺术品来提升美感，另一方面，对于艺术品本身，也可以通过更好的服务设计，使之更好地起到美育的作用，提升整个社会的美感。我们不妨把之前只能摆在美术馆里的传统艺术服务渠道予以颠覆，与更多的人分享，让更多的人感受到美对于生命的价值。

多样化

多样化，就是通过提供超出传统范围的服务供给，给顾客更丰富、更综合的美好体验，它通常意味着一举多得、前所未有，又似乎本应如此的感觉。比如日本的茑屋书店，如图 7-11 所示，通过呈现丰富的组合（书籍、DVD、音乐、实物），把各种各样的东西按照主题进行集成，其实体产品极其丰富，从匠心独运的茶具到生机盎然的绿植，从饱经沧桑的老爷车到浑厚质朴的家具，一时间，让人们忘记了是商品的形象衬托着图书，还是图书在诉说着商品的故事。从体验的角度来看，这与宜家家居的卖场设计不谋而合，后者以完整的书房、卧室的空间呈现，让消费者对于具体商品及其与场景的关系产生认知。

再如，中国的国宝级名画《清明上河图》，描绘了北宋汴京的城市场景，正是画上的各种人物、丰富的业态才呈现出城市的多样精彩，借助增强现实技术的动态呈现，画面更是惟妙惟肖，带着我们穿越回古代领略其繁荣的场景。

图 7-11　茑屋书店

十九大报告指出，要坚持百花齐放，百家争鸣。其实这也是中国通过多样化来进行更好的文化建设的重要方略。从系统科学的视角看，美国著名作家凯文·凯利在《失控》一书中描写了一个有趣的生态系统实验：在美国，一群科学家做了一个长达几十年的生态实验。有一片区域，之前是一个茂盛的草原，水草丰盛，还有灌木和小动物等，后来这个地方沙漠化，完全退化成了荒地。科学家就在这片区域展开实验，尝试恢复当地的生态，但科学家的各种尝试均告失败。他们研究发现，当种植的树种和草种的品类很少的时候，什么都活不成，于是他们把更加多样的生态物种，包括各种各样的草、各式各样的植物，甚至是小动物、小昆虫一起引进来，结果实验成功了。可见，当系统太过单一的时候，它的生命力很脆弱。所以在一些多样化的设计理念里面，背后是有科学原理的，这样的生态系统值得我们去尝试。

服务系统中能不能去构建一些有趣的生态系统呢？我们将诺曼在《设计心理学》中提出的理念进行整理后，形成如图 7-12 所示的品位环。

图 7-12　品位环

图 7-12 的中间表示人的品位，事实上，我们如果拥有更好的审美，就会拥有更积极的情感，拥有更积极的情感，就会让我们有更积极的情绪，更积极的情绪则会影响我们的选择，让我们选择更美的东西，而我们的选择又会影响或者定义我们的审美，所

以这是一个关于品位的循环。

因此，千万不要小瞧设计这件事，因为设计能孕育社会的品德。我很喜欢用冰山模型来说明问题，如图 7-13 所示，怎么看待产品和系统设计的作用？我认为，产品和系统的设计是面向日常生活中我们看得见、用得着的实体，它是冰山水面之上可见的部分，但其实其更大的影响力是水面之下的所谓品位和道德。对于我们服务的顾客，当他们用上非常有品位的产品或服务的时候，其实我们已经在潜移默化地影响他们的品位和道德了。

同样，十九大报告强调要满足人民群众对美好生活的向往和追求，这是一个摆在明面的奋斗目标。看看图 7-13 的冰山模型：水面上是看得见的目标，水下是达成目标的实质；美好生活给我们带来的是幸福感，而我们也需要通过对产品和服务的系统设计，来更好地为社会做贡献，对社会产生更好的影响，这才是服务设计的重要作用和历史使命。

图 7-13　冰山模型

“小众”生长

多样化的另外一种形式是“小众”，我们可以将其理解为整体服务市场的多样化催生出的独特服务，这种服务有三个典型特征。

第一，主题聚焦，生活大于商业。“好好住”App 于 2016 年上线，其已经成长为一个面向用心生活的小众的家居社区，在这个平台上，即使消费能力不同，大家也都能够向着更高的审美去探索和交流。同时，通过对设计师与顾客的匹配，打造从交流社群到落地实施的通路。此时，生活方式成了主角。

第二，黏性升级，交易变为社交。传统品牌的服务黏性，依赖于用户的个人体验，包括显性的和隐性的需求的满足，小众品牌则在满足用户基本需要的前提下，让用户与服务提供者建立起更为紧密的社交关系，这使得服务的供给被完全个性化了，辅以细分领域知识的“权威”性，导致服务的黏性得到了极大的增强。这点可以通过日渐受欢迎的定制旅游、私人教练等服务的兴起而窥豹一斑。

第三，无须规模，价值支撑价格。小众服务在更加聚焦、更有黏性的前提下，自然舍弃了规模效应，转而追求更高的品质。此时，顾客对价值的考虑会优于对价格的考虑，对“独一无二”的追求会优于对“物美价廉”的追求。例如，以传承文化艺术为愿景的“东家”App 里面的各种“搭伙”“众筹”“押窑”，为大量小众品牌甚至独立匠人与顾客建立了直接链接，将以往只属于艺术馆、古玩店的品位体验移到了指尖，颇受欢迎。

第 8 章　服务创新经典工具

差异化竞争战略

差异化是本质需要

差异化是服务竞争的三大战略之一，但在服务竞争战略中它的作用是独一无二的。站在服务提供者的角度来看，差异化是服务战略，那么从消费者的角度而言，差异化又是什么呢？我认为差异化是人们的本质需要，也是打造品牌的核心驱动力。

自从有了商品交换和私人物品的概念，差异化就有了载体。最直观的表现就是不同阶层希望通过一种差异化的器皿、装饰、建筑等来体现自己的身份和地位，而恰恰是那些在社会资源分配中拥有较多资源、处于一定阶层的群体，对于这种标签化、能够证明身份的物品有着更为强烈的需求。因此，古代艺术多和王公贵族的喜好及收藏密切关联，一些最为精美的器皿、建筑也往往与权贵相关。

随着社会的更替，通过交换或模仿，类似的风尚、习俗、设计被带到民间，从而变成一种全民都可享有的标记。我们不妨把这种类型的需求归结为人类对于自身生命意义的一种探索，人类企图用一些外在的物质构建出自身的独特性。在服务包当中，我们将类似上述的需求归类为隐性服务。

还有一种差异化是相对于服务的标准化而言的。在标准化的服务当中，服务提供者很难照顾到服务对象的个体特征，比如电影院，它无法根据个体的听觉系统特征为每个人采用不同的音量播放电影，因此在一些标准化服务当中，服务对象的一些个性化特点或个性化的渴望，服务提供者可以通过差异化来满足，而这种满足需要基于支持性设施、信息的全面革新以及全新的服务模式。

如今，物联网、大数据等技术的发展，再加上消费群体的需求升级，使得差异化成了三大服务竞争战略中最重要的一个板块，其内涵除了前文总结的如标记身份及隐性服务的需要、标准化服务难以解决的困扰与需求这两种类型之外，还有一种类型是在不改变服务系统的前提下提供差异化服务，即精准匹配，也就是在服务系统中创造出多种类型的服务选择，通过消费者主动或被动的偏好采集，来完成服务的精准投放。

当然，最广泛意义上的差异化战略，是指任何在服务供给或服务包的组成部分方面，取得了颠覆式或渐进式的创新，从而给消费者带来前所未有的体验，这样的战略都可以称为差异化战略。

我们在谈论服务属性的时候，尤其强调异质性，即无论从顾客还是服务人员的角度来看，其获得的最终效果都是因人、因时间而异的，这样的异质性给服务管理带来了很大的挑战。

在应对这样的异质性时，服务提供者唯一可以把握的关键原则是公平性，因为每个人都希望被公平对待，所以还原到顾客的本质需要来看，公平性对相关问题起到了一种约束，由各种各样公平的约束所定义的空间即服务的可行域，在这个可行域内如果能够更加精准、更加差异化地对待顾客，那么服务提供者将有望找到针对每位顾客的最优解。

当然，差异化如果不经过巧妙的设计，很可能会触动公平性这条原则，比如近两年很多旅行类或电商类网站出现的大数据杀熟现象，就是一种差异化触犯了公平性的典型例子，显然，此时差异化的出发点，是从商家赢利的角度而非消费者的角度考虑的。

差异化竞争的方法与趋势

在《服务管理：运作、战略与信息技术》[①] 一书中，差异化竞

① 詹姆斯 · A. 菲茨西蒙斯 . 莫娜 · 菲茨西蒙斯 . 服务管理：运作、战略与信息技术 . 张金成，范秀成，等译 . 北京：机械工业出版社，2013.

争战略被总结为以下 5 种方式：无形服务有形化、标准产品定制化、降低感知风险、重视员工培训和控制质量。下面我们将分别予以介绍。

无形服务有形化

服务的重要属性是无形性，看不见、摸不着，那么如何让这样的无形服务有形化呢？

举个例子，我们在出行入住酒店的时候，都会用到酒店里各种各样的洗漱用品，如拖鞋、毛巾等，上面通常会印有酒店的商标。对于没有用完的洗漱用品，我们可能会带回家，当我们再拿出来用的时候，就会再次看到这个酒店的商标，不知不觉地我们就回想起在这家酒店入住时的愉快经历，这就叫无形的经历或无形的服务的有形化。

无形服务有形化这种方式在我国铁路系统中也有应用，在我第一次坐京沪高铁的时候，乘务员发给我一份饮料，以及一个装有小吃的纸袋子，袋子上写的一句话非常精彩："千里京沪一日还。"如图 8-1 所示，这明显是"千里江陵一日还"的高铁版本，它想向乘客传递什么概念？显然是高铁的快速，在京沪之间可以实现一日往返。用这样的有形包装上的文字或有形的产品，向消费者传递一种无形的东西，如"千里京沪一日还"，就是很有效且有趣的一种做法。

图 8-1　千里京沪一日还

很多知名品牌也在采用这种方式，比如星巴克咖啡店，消费者如果去星巴克买咖啡，就可以看到在排队等待的区域旁边有一个货架，货架上摆着印有咖啡店商标的杯子，形态各异、引人关注。如果消费者看到某个杯子很漂亮，顺手拿起一个结账带走，那么在之后消费者不管是用它来喝茶还是喝咖啡，都会再次看到这家咖啡店的商标，无形的服务就被高频地有形化了。

服务很多时候是无形的，但是如果服务提供者能设计出一些东西，让顾客在其生活和工作中反复用到，就会为顾客创造一个很好的体验，使之频繁地想起服务提供者，进而频繁地使用其提供的服务。

标准产品定制化

要想控制服务成本，标准化永远是十分有效的策略。例如麦当劳这样的快餐标杆，将标准化做到了极致，不论是流程、布局还是工具。但如果所有的快餐店都按照同样的标准去执行，则又难免会陷入同质化竞争，进而失去对顾客的持续吸引。因此，差异化驱动我们在标准化的服务模式中思考定制化的可能。

举两个例子，一是汽车影院，大家开着汽车去看电影。看电影本身是一件非常标准化的事，到影院后观众无非是去指定的厅找到具体座位，坐下来看电影。为什么能冒出来一个汽车影院？它有什么优势？

首先，在电影院看电影时观众不能自行调节音量，这是一个非常重要的痛点。如果嫌吵，观众只能自己戴个耳机，或者捂上耳朵，但是在汽车影院，声音是从观众车里的收音机发出来的，想调多大调多大，关了都没关系。再者，观众可以在自己的车里打电话，完全不用担心干扰到别人。在自己车里想吃什么就可以吃什么，也不用担心干扰别人。汽车影院实现了普通影院所不具备的私密性、个性化以及可调节性。这种定制化自然吸引了一个重要的细分群体。

标准产品定制化在餐饮行业更常见，比如赛百味、汉堡王等，尽管是快餐，但它们提供了丰富的定制化选择，比如汉堡，顾客可以选择夹两层肉，或者多加一种菜。

另一个例子是我曾在日本东京的一个面馆的一次非常有趣的体验。点单的时候，顾客需要分别从 1 到 7 的咸度和辣度中进行选择，选完之后这碗面就是针对其选择定制的。所以把本来非常标准的一件事情，通过增加一些定制化的元素，满足顾客独特的需求，就叫将标准的产品定制化。

降低感知风险

美国有两位机械师，他们在沃尔沃的 4S 店工作了 20 多年，觉得沃尔沃 4S 店的服务不够好，因此一起辞职后成立了一家公司叫沃尔沃村。沃尔沃村修车和其他 4S 店不一样，如果顾客要维修其沃尔沃车，顾客就先要和沃尔沃村预约时间，之后机械师会跟顾客面对面讨论，给顾客的车做一个诊断，并将诊断记录到顾客的电子档案。这个流程有点像看病的流程。沃尔沃村用了一个很有意思的竞争手法——差异化竞争手法。当服务对象是物品而不是人的时候，比如车、包、手机，服务供应者如果把这件物品视为人一样为其提供服务，顾客就会非常满意。

如果修理工像医生对待病人那样认真地修顾客的车，那么顾客一定满意，所以作为服务提供者，应当仔细琢磨自己的服务对象。当你面对的是顾客，那你服务的对象就是人，如果你服务的是一个物品，那么怎么让顾客感觉到你在像对待人那样对待他的东西？在沃尔沃村，替换下来的汽车部件被存放在一个干净的盒子中展示给顾客，这一点非常重要。想想大多4S店或修车店是怎么做的？顾客把车停在维修店后就回家了，本来只是想换一下机油，结果维修人员给顾客打电话说检查到车的哪个部位出了问题，问顾客要不要换一下这个零部件，紧接着就问顾客换国产还是进口的。通常直到换完零部件顾客的心里还在嘀咕：这个零部件到底坏了没有，是不是一定得换，换的东西是不是正品？这就叫感知风险。因为顾客的专业知识跟修车的人是不对等的，因此顾客会怀疑对方是否在忽悠自己。而沃尔沃村的做法是把换下来的零件放在一个干净的盒子里，等顾客来取车的时候展示给顾客看，并向顾客解释说零件哪里出了问题以致不能使用，这就降低了顾客的感知风险。所以服务提供者要想尽一切办法，让顾客感觉到把东西交给你非常可靠，没有风险。另外，沃尔沃村在修理过程中十分注意保持车体的清洁，并且在修理完成之后会试开一段，此外，舒适的等候室也是加分项。最后一个特别有意思的地方是沃尔沃村会对顾客进行培训，主动教顾客怎么开好沃尔沃车，能让它少坏少修。这不是矛盾吗？一个修车店教顾客怎么开车减少维修。注意，这是一个更高的境界，叫让渡顾客价值，就是服务者主动站在顾客的角度，把价值让给顾客，让顾客感觉你在帮他省钱，帮他创造价值，这时顾客会非常忠诚，认为你是真的在帮他。所以这是很高的境界，服务提供者要思考怎么让顾客感受到你是站在他的角度想问题。我在国内大众的某4S店也有过不错的体验，宽敞的等候室，非常舒适的沙发，后面一个大落地窗，透过窗户能够看到车用升降机升起来了，工人在做什么操作，如图 8–2 所示。这就是降低感知风险。

图 8–2　4S 店采用的降低感知风险的策略

重视员工培训

对员工培训的重视程度是好的服务企业和不好的服务企业的一个重要差别。星巴克在 2007 年 2 月 28 日下午 5 点，同一时间关闭了全美的 7 100 家门店。干什么？统一关闭门店后对咖啡师进行培训，教大家怎么做更好的意式浓缩咖啡。

仅仅为了一次内部培训，就让 7 100 家门店同一时间关店，这会导致不小的经济损失。值得一提的是，关店之后，星巴克在每一家店的门上贴了一张纸，上面写的内容很精彩：“我们一直致力于如何把意式浓缩咖啡做到臻于完美，这也是我们全情投入、不断雕琢自己技艺的原因。”大多数服务提供者的写法，恐怕十有八九是“本店停业培训，敬请原谅”之类的字样。

在这件事情上，服务提供者要向星巴克学什么呢？培训首先是为了增强内部员工的能力以及信心，但星巴克的重点是要将之传递给顾客。为了“臻于完美”，所以不断地“全情投入雕琢自己的技艺”，第二天，星巴克就做了一个市场调查，顾客普遍反映星巴克的咖啡更好喝了！

有没有这么快速见效？其实不太可能。当然，星巴克在内部也做了一下调查，咖啡师在培训后确实在做咖啡的时候感觉更加自信了，这是可以预期的。但是，面向顾客的那句话一定是有影响力的，它让顾客觉得星巴克真的很重视培训，培训一定会给咖啡师带来能力的提升。所以，对于服务企业来说，不妨将面向内部的培训坦诚分享给顾客，这会让顾客对企业的服务能力更有信心。

控制质量

谁的服务质量能够控制得更好，谁就能够胜出，这是服务提供者做好差异化竞争的一个重要手段。

在生活中，我们似乎经常会看到类似图 8-3 所示的客户评价管理系统。这个做法挺好，我曾经常去的一家银行，每次我都觉得这个大厅的服务挺好，每次在评价的时候都会按“非常满意”。有一次我要办一个外汇的相关业务，引导员说一楼办不了，让我到二楼去，二楼有 4 个窗口，每个窗口都没有顾客，也都有服务人员在，但我等了半分钟也没有人理我。我还想二楼怎么和一楼的差别这么大，后来我才发现二楼没有这个评价机器。

图 8-3 客户评价管理系统

那么，我们能否由此推论，这个机器就是服务质量控制的终极神器？绝对不是。这样的机器的一个重要的作用是什么？是给顾客一个渠道，让顾客表达自己的感受，反馈自己的评价。从服务管理的角度，这样的机器能避免出现极其恶劣的服务。有了这个工具在，一般服务人员不敢提供特别恶劣的服务，因为顾客有直接的反馈渠道并且该反馈会作用于其服务绩效。

但最好的服务绝对不是通过这种方式管出来的。我认为，最好的服务来自满意镜理论，只有当员工非常想把这件事办好的时候，他们才能让顾客感觉到最高水准的服务质量。所以服务质量控制是非常微妙的工作，绝不是简单地使用一些工具和方法就可以高枕无忧的。

以上 5 个方面是做好服务差异化竞争的传统方法，在日新月异的服务创新中，我们能够观察到三个方面的差异化竞争新趋势：让渡顾客价值、道德与责任、细节设计。

让渡顾客价值

前文提到沃尔沃村主动培训顾客开好沃尔沃车的做法，就是让渡顾客价值，另外一个例子是可口可乐的促销，但曾有美国学者提出，可口可乐的促销从营销的角度而言，导致了人们对可口可乐的过度消费，其实对人们的健康是不利的。所谓让渡顾客价值，是指如何在商品的促销环节中，商家体现出站在顾客的角度想问题的意识，而不是简单地为了卖出更多的商品。这是一种更高的境界，显然也会赢得顾客的忠诚。

道德与责任

良好的道德与责任感已经越来越成为一个企业的竞争优势，比如说，企业在环保和可持续方面能够做些什么。沃尔玛设有一个专门的企业责任办公室，这个办公室负责把沃尔玛在加州所有的仓库和多数商店改成太阳能供电，同时支持了很多清洁项目，这使沃尔玛的企业形象在大众当中得到了显而易见的改善。

图 8-4 所示是我在荷兰鹿特丹住过的一家酒店，房间内挂毛巾的架子旁边挂了一个牌子，上面写着：“您的毛巾挂在这儿就是在种树。”这句话说得很微妙，如果顾客不用这条毛巾，酒店就不需要洗它，也就是在做环保。最终我也真的没用这条毛巾，这就是一个新的趋势，即处处都在提醒我们要保护环境，这也是体现企业责任的一点。

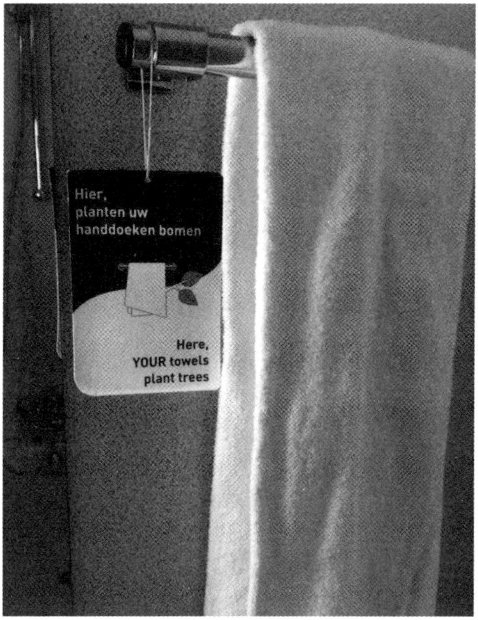

图 8-4　有环保意识的酒店

图 8-5 更值得我们琢磨，这是荷兰常见的邮筒。但其特别之处

在于高邮筒旁边有一个一模一样的仅比它矮一些的邮筒，这是给谁用的？

图 8-5　人性化的邮筒

图片来源：https://you.ctrip.com/travels/youyouctripstar100023/1658274.html

其实，这个矮一点的邮筒是给小孩子和坐轮椅的残疾人士使用的。虽然设置两个邮筒的成本明显更高、效率更低，但是当我们要关注整个社会、关注社会公平的时候，就不能过于计较成本和效率，所以这是城市建设与服务创新的下一个阶段：人性化服务，无障碍设施。这体现了一种超越当下这个时代的责任感。作为服务设计者，对弱势群体的关注，也是体现社会责任感的一方面。

细节设计

更关注和讲究细节，是未来竞争的关键。图 8-6 所示的这杯咖啡是我在坐荷兰航空公司的飞机时拍下来的。这杯咖啡有什么细节值得我们关注？

首先看咖啡杯，这是一个简单的纸杯，但是纸杯上面印着郁金香、接吻的小人和风车，这些都是什么？都是荷兰的象征。所以光凭这个杯子，我们就可以判断乘坐的是荷兰航空。不要小瞧这个纸杯，它传递的文化和信息，内涵深远。

图 8-6 荷兰航空的细节设计

再看与咖啡配套的装有糖、奶精、搅拌棒的这个塑料包装的小袋子。多数航空公司目前提供咖啡的做法基本上是两种模式：一种模式是先给乘客倒一杯黑咖啡，再用手抓糖包、奶精包和一个搅拌勺给乘客；另外一种模式更简单粗暴，直接把糖、奶和咖啡制成三合一的咖啡倒给乘客。

为什么我要专门提荷兰航空的这个小袋子？它用一个小的塑料袋把糖、奶精、搅拌棒包在一起有两个好处：一是乘务员递送给顾客的时候显然效率更高；二是这个搅拌棒是给乘客用来搅拌咖啡的，如果搅拌棒被别人用手拿过，乘客会有感知风险，对卫生有较高要求的人会无法接受，这就是细节的力量。

再看一家荷兰的超市，如图 8-7 所示，货架上卖的是各种各样的意大利面，我想提醒你重点关注货架上方的图片，这个图实际上是让消费者真正产生购买欲望的关键。因为消费者在看到货架上包装好的商品的时候，并不确定用这样的商品能做出怎样的晚餐，这张图片则形象地告诉消费者，用货架上的面条，就能做出如此美味的一碗面。当消费者的味蕾被充分调动起来的时候，消费，就是水到渠成的事。

图 8-7　意大利面货架上方的细节设计

接下来看一下罗马的一家麦当劳餐厅里的垃圾桶如图 8-8 所示。这个垃圾桶有什么值得一提的地方呢？在国外的麦当劳餐厅，顾客吃完得自己收拾，顾客需要自己拿着盘子去找垃圾桶，打开盖，把垃圾倒进去，再把盘子放在垃圾桶上方的台子上，然后才能离开。常规的麦当劳餐厅里的垃圾桶需要用户推开垃圾桶上的挡板，再把吃剩下的垃圾倒进去。这样做会让顾客的手碰到垃圾桶，特别在意卫生的顾客难免会心存顾虑。

而这家餐厅里的垃圾桶是全自动智能化的。当人走近它的时候，桶盖会自动打开，在感应到顾客把垃圾倒进去后，它再自动

图 8-8　罗马麦当劳餐厅内的垃圾桶的细节设计

关上。顾客在倒垃圾的过程中完全不需要接触垃圾桶。我们时常讲，技术是服务于价值创造的，那么此处的价值在哪儿？

其价值在于餐厅意识到顾客可能觉得手碰上垃圾桶有健康风险，因此餐厅配了一个全自动的垃圾桶，避免了顾客的这种顾虑。从另一个角度看，这也是降低感知风险的方法。

服务接触：经济性、有效性与沟通技巧

服务接触是服务管理中至关重要的环节，也是服务质量的最大风险点和机遇点。美国学者詹姆斯 · A. 菲茨西蒙斯的研究表明，每一次服务接触都是一个让顾客满意或不满意的机会。因此，如何设计服务接触过程和服务接触系统是服务设计环节中至关重要的部分。

从广泛的服务接触的可能性来看，其中存在着诸多接触程度不同的形式。从最低级别的接触，比如群发信息、邮件，或更早之前在美国常见的通过纸质邮件发送商业广告，到更为直接一点的接触方式，比如电话营销，当然，最直接的接触模式还是面对面、一对一的服务接触。

我们不妨从两个维度来衡量这些服务接触模式，一是经济性，二是服务接触的效果（效果可以用转化率来表示）。显然，从经济性方面考量，广泛发放的接触级别较低的信息邮件总体成本比较低，或者说发送至单个顾客的信息触达成本比较低，但它的致命

问题在于服务接触的效果是最差的。

一对一的面对面沟通显然是接触最充分也最有可能产生最高转化率的方式，其他方式则介于这两者之间。一对一的沟通的有效性比较高，但由于它要靠服务人员进行当面沟通，意味着服务人员和消费者要同时出现在一个场所，这会产生位移成本和时间匹配成本。因此，这种方式也是最不经济的。

有一部美国电影叫《当幸福来敲门》，其中由威尔·史密斯扮演的男主角在推销他的金融产品时，最开始采取的是拿着名单挨个儿打电话的接触方式，如图 8–9 所示，他从中挑选出有潜在销售机会的个体，然后想方设法进行一对一的当面的销售活动，最后实现成功转化。这告诉我们，有的时候服务接触可以以多种服务接触方式按照某一先后顺序进行组合来进行。

图 8–9 《当幸福来敲门》的男主角采用电话这一接触形式

当然，无论是哪种接触方式，有效的沟通都是提升效果的非常关键的因素。斯坦福大学津巴多教授在其《态度改变与社会影响》一书中指出，从社会心理学关于影响力形成的研究来判断，如果想对人们的态度实施影响，继而带来其行为上的改变，那么本质上我们要做的工作是说服。

而说服的过程总体来说可以分为两步，第一步是信息的传递，第二步是理解，然后在理解的基础上完成态度的转化。在信息接触这件事情上，能不能提供高质量的信息就成了信息传递是否有效的关键。

以一个非常广泛的服务——零售为例，无论是商品的设计、产品的包装还是营销活动的宣传，都希望传达关于这个商品的高质量信息，以促使消费者选择这一商品，这也是诸多行业如产品设计、平面设计、包装设计的一个关键任务。

如果把这些都考虑到服务接触的支持性信息当中，我们就可以将其理解为服务接触已经不仅仅是人际沟通的问题，而是将整个服务设计的理念、过程甚至是背后的原理，以一种恰当的方式——既不过于复杂又不会简单到没有或缺失，传递给顾客，让顾客能够更好地理解这种信息。当然，这种理解的背后需要设计人员真正站在顾客的角度，针对顾客的痛点来对这种信息的可理解性进行设计。

在顾客能接触到的信息已经确定的前提下，服务接触过程当中的人的因素就变得更加重要。在人的因素当中，与沟通技巧相关的内容不是本书探讨的核心范畴，我们更希望把这种接触和沟通的本质原理呈现出来。

比如我们经常用“用心服务”来表达与一个好的服务接触的感受，那么所谓用心，第一要用到服务设计过程中的共情，即能够敏锐地感知到顾客的痛点和顾客的渴望，这一点我们在前文已经进行过充分的讨论。

第二要深入探讨顾客的感知风险，顾客在选择我们提供的服务时，会想对服务本身有更多的了解以使自己“心安”，无论是服务的过程、服务的保证性抑或是他看不到的服务的后台等，凡是让顾客心有不安的因素都构成了感知风险，因此服务提供者要用各种有形的、无形的甚至是基础设施、工作人员的语言等一切办法，努力降低顾客的感知风险。

第三服务接触的一个本质原则是让渡顾客价值，这也是前文讲过的服务差异化竞争的重要趋势。换言之，服务提供者能不能让顾客感觉到服务提供者不是作为商家在达成自身赢利的需求，而是隐去了商家形象的一个个体、一个顾问，能够替顾客着想，能站在顾客生活场景当中去帮他解决问题，维护他的利益。

中国古代有一个词叫“无尖不商”（而非今天的“无奸不商”），之所以用“尖”，是因为古人在做交易的时候，比如顾客要买一斗米，商家会装满一斗米，装满之后额外再加上一把米，让它冒出一个尖儿，这个尖儿展现的是商家的慷慨和诚意，希望让顾客更多地获利，这就是一种让渡给用户的价值。

另外，最近几年在美国从濒临倒闭的边缘又重新兴旺发展起来的百思买，其上门服务人员已经完全不是推销员的身份和形象，而更多的是充当消费者在智能家居等方面的顾问，如图 8–10 所示，这些顾问在公司拿的是年薪，但为顾客提供的上门服务是免费的。这样的一种考核机制，让服务人员能够有更多的时间愿意在顾客家里、在顾客真实应用的场景下，站在顾客的角度帮助顾客分析、解决问题，这无疑是更高明的服务接触方式。

图 8–10　百思买的家居顾问提供上门服务

图片来源：https://corporate.bestbuy.com/in-home-advisor-program-brings-best-buy-experts-to-you/

在人工智能、物联网、大数据等前沿技术飞速发展的今天，在服务业服务接触这件事上，技术应该做好辅助的角色。因为单纯的技术，无论是语音助手还是服务机器人，在情感的传递和表达方面依然没有办法和人类相比，它们应该给一线服务人员提供信息上的赋能，帮助他们进行更好的判断，从而更有效地解决顾客的问题。

因此，在相当长的一段时间内，服务接触在本质上是以人为主体，借助机器、智能来增强人的服务能力，这种人机组合的合作方式在服务创新中还有大量的空间可以探索。

第 9 章　SERVINO 方法

服务创新是企业根据社会需求，利用内外部技术条件，对企业资源（包括资金、设备、人员等）进行重新组织，从而推出新服务或提高原有服务效率的行为。服务创新是面向服务的从商业模式到运营管理、从无形体验到有形产品、从原始设计到持续改善的创新活动。

我们在这里提出的 SERVINO 方法是在传统 TRIZ 方法的基础上，结合设计思维、系统工程等理论中的创新工具形成的一套完整的服务创新解题工具。在这一章我们将选择其中的核心思想和应用进行介绍。

SERVINO 体系与解题流程

在获取服务对象情感、偏好、社交等信息的基础上，服务提供者能够掌握全新的服务创新需求。如何将服务需求转化为更好的服务，并且在转化的过程中尽可能保证用户需求可追溯、可验证，这就是 SERVINO 方法需要解决的核心问题。

基于之前的研究，在服务创新设计的部分环节已经有了一些可用的方法和工具。然而这些还远远不够，首先，这些具体方法过于零散，尚未形成能够支撑完整服务创新流程的体系；其次，很多方法更多强调的是思维启发的过程，缺乏量化工具和规范化流程，创新质量的好坏依然主要依赖设计者的创新能力；最后，已有的方法忽略了大数据技术快速发展带来的新机遇，通过对大量服务创新案例的数据挖掘研究，服务设计甚至可以自动生成部分创新方案，这种基于案例数据的辅助性创新工具也是新时代背景下服务创新的重要发展趋势之一。

为此，我们综合之前研究的成果，借鉴 TRIZ 方法的体系，结合斯坦福设计思维、系统工程开发流程等已有理论体系，整合出一个系统性服务创新理论体系，如图 9–1 所示，其中既包含了宏观的理论基础和基本概念，也包括了一些具体的问题分析工具、求解工具，以及流程化的解题步骤，同时服务设计的发展也依靠不断完善的服务创新案例库来支撑理论体系的迭代。在本章，我们将主要选择其中重要的概念和工具进行论述。

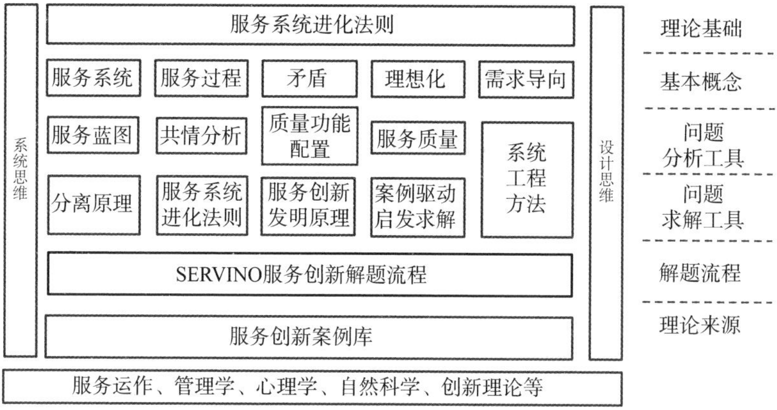

图 9-1　服务创新理论体系

在整个服务创新理论体系中我们可以看到，直接面向服务创新实践项目的是 SERVINO 解题流程，具体流程如图 9-2 所示。SERVINO 解题流程，是一种类似于 TRIZ 中的 ARIZ 的问题解决算法。SERVINO 是服务创新问题解决过程中应遵循的理论方法和步骤，是基于设计思维和系统工程开发流程的一套完整问题解决的程序。它从服务系统的使命出发，自上而下地对服务系统进行建模拆解，并在拆解的过程中，始终保证客户需求和创新方向的一致性，通过选择合适的服务创新解题工具，并在关键的步骤中进行评估、验证，来实现创新方案的最优化选择。具体来说，SERVINO 流程主要由 4 个阶段构成。

1. 探索系统整体

通过识别利益相关者、使命分析以及对需求的定义来认识待设计系统的整体“输入”。在这一过程中，需要分析客户的需要、需求和系统的需求，从而为接下来的问题聚焦提供整体指导，保证创新方案能够在系统整体层面上发挥作用，满足顾客的需求，服务于系统的最终使命。

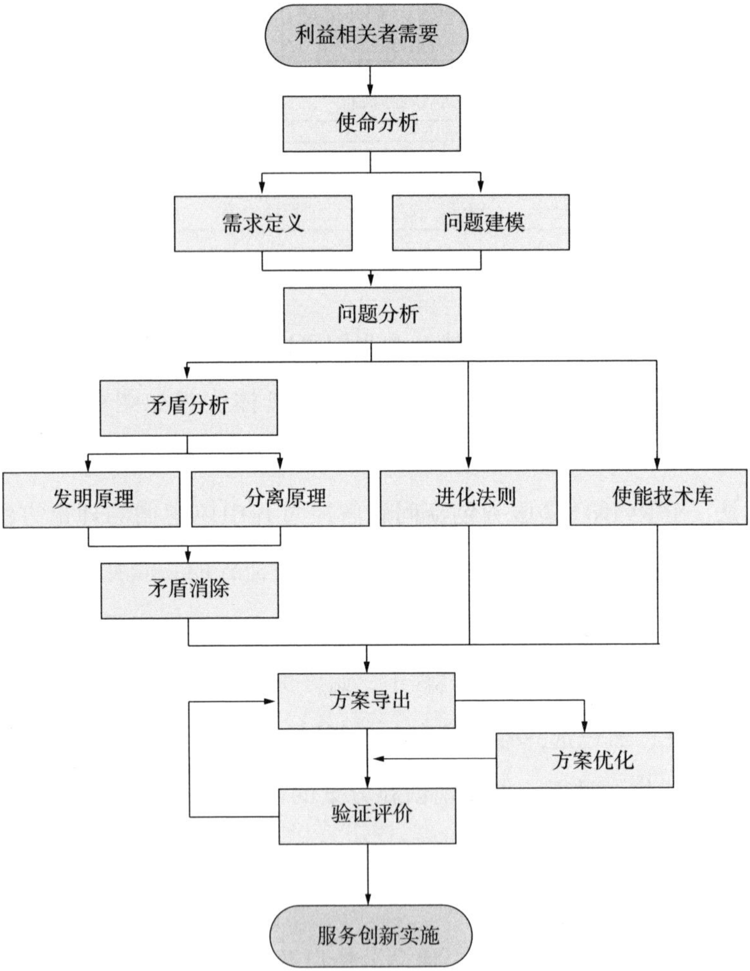

图 9-2　SERVINO 解题流程

2. 聚焦设计问题

其中主要包含问题建模和问题分析两个步骤，体现出从宏观整体聚焦到微观具体问题上。现在服务系统通常是“系统之系统”（SoS），即系统在创新过程中必须要从最上层的系统开始，逐步识别出各个子系统之间的耦合关系，并最终聚焦于具体的子系统和子问题，在后期应用服务创新解题工具时也要时刻保证系统整体与感兴趣子系统之间的递归关系。在子系统层级上，分析得到与顾客需求紧密相关的参数，从而将问题进一步具象化，形成具体的创新切入点。

3. 创新启发与生成

在这一阶段系统将承接问题分析的结果，选择采用不同的创新启发方法找到创新方案。主要的创新启发方法包括发明矛盾分析、进化法则以及使能技术库。在第一类方法中，我们最大限度地借鉴 TRIZ 技术系统中矛盾矩阵的核心要素，并创造性地融入服务属性、管理属性和心理属性的参数。通过发现问题中的物理矛盾和系统矛盾，使用对应的分离原理和发明原理，环环相扣地导出服务创新方案。与矛盾矩阵这种“精确式”的创新方法相比，进化法则更多强调的是服务系统中的普适性创新规律；使能技术库则是在采集大量服务创新案例的基础上进行结构化梳理，找出现实中服务系统的创新方法尤其是新时代背景下技术创新方案的集合，以此对当前问题进行创新迁移。后两种方法对于不能简单定位矛盾参数的复杂系统，也具有非常强的指导作用。在这里我们尽可能将这些方法进行了整合，并将其作为服务工具来补充矛盾矩阵创新方法的短板。

4. 方案验证与实施

通过问题建模工具与问题解题工具的抽象化创新，算法的最后一部分是将抽象的创新方案具象化。这一过程需要考虑实际服务系统本身的特征，需要该服务系统中的专家或熟悉的工作人员进行“翻译”。同时在这一步中也需要对实际方案进行技术实现和商业实现上的验证，最终选择最优的创新方案进行实施落地。

SERVINO 解题流程不仅结合了理论方法的指导，同时也运用了互联网时代下的大数据技术来辅助创新。通过创新数据库的数据挖掘与统计分析，我们可以将成功的服务创新案例进行归纳总结，并以此来指导问题分析、启发创新方案，同时帮助创新人员导出实际的创新方案。

需要补充说明的是，SERVINO 解题流程是为了处理一般服务创新的实践步骤，在实际使用的过程中，不一定必须要将每个步骤完整地做下来，尤其是某些步骤可能需要组织投入大量的研究成本，刻意的、死板的使用方式都可能会使创新人员士气低落。因此我们建议使用者在创新过程中要对该方法进行“剪裁”，即考虑个别服务系统自身的特点和系统创新的阶段，来对整个系统的步骤进行有选择的使用。例如，当服务系统已经得到非常明显的客户痛点时，我们就不需要投入过多的时间和精力去聚焦问题，而是可以考虑直接使用参数分析来对矛盾进行求解。在下一小节中，我们将选择其中重要的概念和工具，通过案例进一步解释和示范。

鼓励服务体验，观察是原点

根据设计思维的原理，创新的空间在于提供一种全新的体验，而这种体验是基于服务设计者对商业与技术可行性的理解以及对人的需要与渴望的理解，针对这三个方面的理解的原点，也就是斯坦福设计思维模型所定义的第一步——共情。

共情需要更多的观察，就像无印良品的创始人之一田中先生所说，“观察是设计的原点”。当然，这种直接针对一个特定场景和一群特定用户的观察是目标导向型的，是聚焦于一种特定服务场景下的观察，而更大范围的设计观察应该融入服务设计者的工作习惯甚至生活习惯，并且这种观察应该尽可能拓展，可以是对整个世界的观察，对人类文明的观察，对文化的观察。

这种观察能够让服务设计者充分感受到各种各样的问题及其解决方案。这种观察除了发生在服务的创新设计阶段，同样也发生在服务质量管理过程当中，比如，在服务管理中常用的步行穿越调查，就是一种直接以顾客的视角观察服务过程中整个服务系统尤其是服务接触过程的表现。

另一方面，在服务创新研究中，我们同样需要观察创新者，观察他们在研究过程中出现的“顿悟时刻”，观察他们在研究过程中团队之间能量的分布，这同样会给创新的结果带来一些支持性的证据。因此可以说，在服务设计与管理中观察是无处不在的，它既出现于服务设计的概念阶段和过程阶段，也出现于服务实施的运行阶段，且这种观察行为的主体，可以是跨越服务的设计者、管理者、运行者甚至是顾客。

基于大数据和物联网，根据用户在服务流程中留下的记录，比如网站上的点击路径、在医院等特定服务场所中的行走路线，甚至借助最新的人工智能领域中的情感计算，服务设计者能够识别出顾客在接受服务过程中的积极或消极的情感，客户情感在服务系统中已经成为一种可测量、可改善的重要指标，或者说，情感本身已经成为一种资源。尤其随着5G技术和新基建快速发展，在服务的各个阶段这些技术都给观察顾客这件事赋予了前所未有的创新机会。

因此，服务观察应该与服务系统分析并列成为服务设计与管理各个环节的一种输入，而在后端执行方面，基于这样一种实时的观察和实时的思考能力，为对顾客在服务过程中的反应进行干预创造了前所未有的机会。

回归服务体验，新型的服务观察在服务系统全生命周期中的创新性应用，使服务体验这个概念本身的范围得以延展，它不仅仅定义了顾客在服务系统中的体验，而且延伸到服务设计者在与服务设计相关或不相关活动中的体验能力、感知能力。简言之，以对服务的体验来设计全新的服务体验可能会成为一种潮流，也可能会形成一个新的产业，最典型的例子是大众点评的模式，即以资深顾客的服务体验为基础为更广大的顾客群体构建新的服务体验过程。

在服务创新的过程中，服务设计者要通过观察用户来挖掘用户的真实需求和痛点，用户的“燃眉之急”就是服务创新活动的输入数据。

我们可以使用斯坦福大学的共情地图来更好地理解用户。在创新活动的开始，服务系统设计人员、创新人员、领域专家、资深从业人员可以组成联合开发团队，在空白的共情地图上共同进行移情分析。

每个参与人员都可以将自己想象成服务系统里某特定场景下的一个具体用户，然后将移情的结果写在便利贴上并将其贴在空白的共情地图上。从我们实践的经验来看，这种做法主要有三个好处。

首先，这种联合开发团队的形式，可以凝聚各个视角、领域的智力和灵感，通过一张共情地图将这些加以整合进而触发更多的灵感。

其次，共情地图可以促进后期服务创新活动的推动与落实。创新活动通常意味着改革，而改革很有可能会遇到阻力，共情地图可以将创新活动的源头展示给各个部门的工作人员，这将会对其后期的创新执行起到很大的说服作用。

最后，通过共情能最大范围地挖掘用户的需求。由于团队中每个人都扮演了不同的用户角色，并设想了不同的具体场景，因此可能会挖掘出意想不到的用户需求。在某一次对商务步行街的共情分析中，有的学员将自己想象成在夏季的一个大雨天乘坐出租车堵在路上的女白领，有的学员则将自己定位成刚刚工作两年、还没有女朋友、关注养生和健康的程序员，这种具象化的人物描述可以精确地定位目标用户人群及其特殊需求，从而激发设计人员的灵感。图 9–3 所示为“最后一公里”配送服务的共情地图。

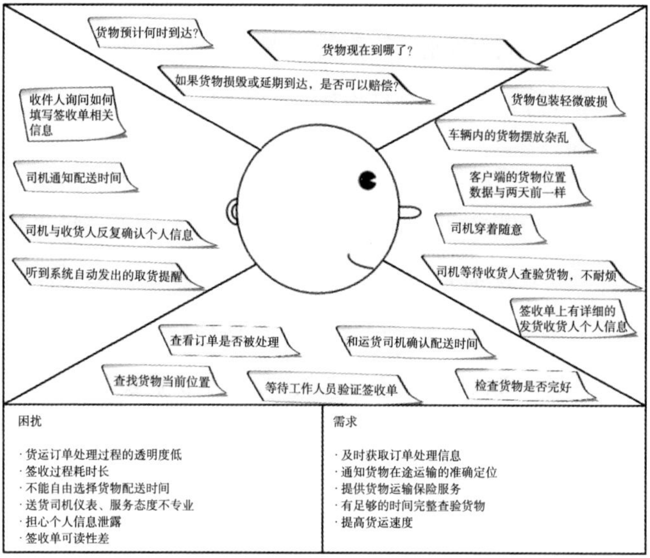

图 9–3 “最后一公里”配送服务的共情地图

共情地图作为一种需求挖掘的方式，更多的是使设计人员在创新开始阶段就将自己的身份和视角进行转化，这种方式更多的是站在设计者的角度进行“揣摩”的工作，还需要补充一些客观的需求调研工作，例如传统的问卷调研，或者新兴的情感计算、用户评价文本分析、视觉追踪等。

“认识你自己”，拆解服务系统本身

与制造系统相比，服务系统包含了复杂的交互关系。从与顾客的交互来看，制造系统通常只是在生产环节的末端才会与使用者“见面”，服务系统则在整个流程中都有可能与顾客建立关系。另外，根据我们的分析，在一个服务系统中，可能同时存在空间、时间、物质、人、信息 5 种资源，这些资源是服务系统的主要构成要素，所以也是我们进行创新时主要考虑的设计对象，在拆解服务系统的过程中需要尽可能将其剥离出来。

以酒店住宿服务为例，从办理入住、行李运送、前台咨询到退房缴费等众多步骤中服务系统都不可避免地会与顾客发生接触，而这些接触都有可能会对服务质量产生影响。

想要提升整个服务系统的服务效果，创新服务过程和模式，就必须要思考服务系统本身的构成及其复杂的耦合关系，这就需要对服务系统进行建模和分析。应用于服务系统的建模工具众多，各有利弊，我们建议创新人员使用服务蓝图来对系统进行建模。

服务蓝图是通过对服务流程中的顾客行为、服务企业员工行为以及服务接触、服务场景等进行二维描述，将顾客接受服务的过程以及服务系统内部的交互以全景图的形式统一呈现出来，常被用于服务设计与运营服务中的问题检测，最早由林恩·肖斯塔克提出。

我们可以将服务蓝图视为一个面向服务系统的定制化的流程图，它涵盖了服务传递过程中的全部功能和环节。同时，服务蓝图也结合了服务过程中的信息传递流程和服务接触流程，可以帮助建模者更好地发现问题，并对系统进行更有效的认知。随着服务蓝图的不断改进，互动线、可视线、内部互动线等概念也被引入其中，从而使得分析顾客交互环节、内部协调环节的过程更加简明清晰。在理想情况下，我们需要通过对服务系统的建模来获得全部的系统组件及其关联关系。

服务蓝图的整体结构由顾客行为、前台员工行为、后台员工行为和支持过程 4 个部分组成，每相邻的两部分之间都通过一条水平线来表示其交互关系，如图 9–4 所示。

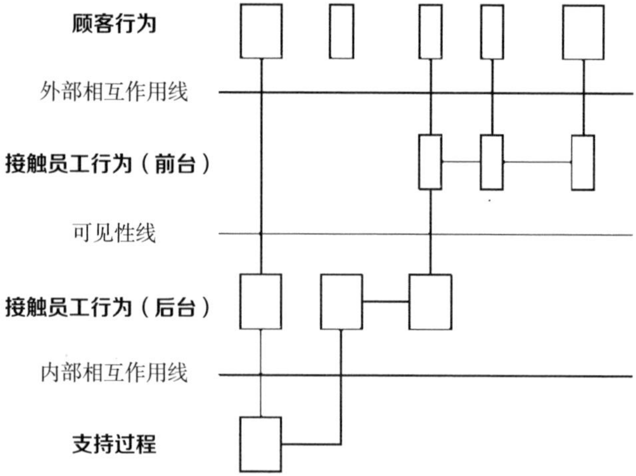

图 9–4　服务蓝图的结构示意图

顾客行为围绕顾客接受服务和评价服务的过程展开，前台员工行为围绕前台员工与顾客的交互过程展开，后台员工行为围绕支持前台员工的活动展开，支持过程则覆盖了传递服务过程中所发生的支持接触员工的所有内部服务、步骤和交互行为。

外部互相作用线是顾客与服务系统耦合的边界，在边界的一侧顾客直接感受服务过程带给其的良好体验，而垂直线与外部相互作用线的交叉点则表示顾客对服务系统的接触位置和体验焦点，是影响客户服务感知的直接来源（也是用户观察的重点对象）。

可见性线区分了前台员工行为与后台员工行为，从实体角度来看，我们可以把它理解为连接餐厅后厨与外部大厅的上菜窗口。后台员工行为和支持过程之间的水平线表示内部相互作用线，它把接触员工与后台的支持活动和技术区别开来，因为服务接触不只发生在人际互动中，非人际因素对顾客满意度也会产生重要影响。

综合步行穿越调查、用户访谈等方法，我们还可以在服务蓝图中增加客户的关注点、员工的决策点、资源供给等待时间以及信息流等关键信息，据此定位出常见的服务失败点并对相应的重要性进行比较分析。

服务接触点是影响顾客对服务质量感知的基础环节，对其进行识别将对企业发现不足、提出服务创新方案，进而提升服务质量和顾客满意度起到重要的作用。服务蓝图的设计基本以真实服务系统的流程为导向，同时更加关注服务过程中的关键接触点，是一种以客户为导向的可视化系统建模工具。与传统的系统建模工具如 UML、SysML 相比，服务蓝图可以大大降低非专业人员系统建模的难度，同时更加贴近服务系统的特性，这将在服务创新的过程中增强其可推广性和普适性。

图 9–5 所示为某公司配送服务系统的服务蓝图建模。

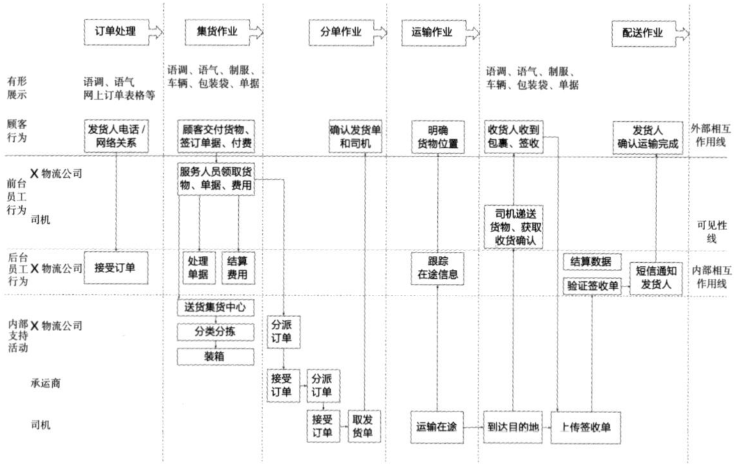

图 9–5　某公司配送服务系统的服务蓝图建模

尚朴案例

在这里我们分享一个运用服务蓝图指导家居设计的案例。北京的尚朴设计工作室提倡以服务的视角设计完全贴切用户生活习惯的家居系统，即体验式家居设计服务系统，以用户的生活数据为基础，明确 7 类收纳物品，如表 9–1 所示。调研个人的生活信息和行为流，形成收纳分区、总体体验蓝图及居室场景量化体验蓝图，从而完成室内家居的整体定制。

首先，尚朴会进行用户行为信息调研，深度了解个人及家庭的生活习惯，预判居室收纳、生活动线、美学取向。然后，

表 9-1　收纳系统分类

空间收纳系统-A

- 本收纳系统适用于城市一般性住房和别墅，不包括公租房等。
- 收纳物品共 7 类：食品类、被服类、卫生类、保健类、文体类、工具类、其他类，是基本的日常消费品收纳分类。
- 收纳基本理念为单元式收纳及行为流收纳。单元式收纳是按照物品的主要服务单元进行分类。行为流收纳是根据个体行为为特征设置的收纳形式。

物品分类			收纳分类物品	收纳分区						
				玄关	客厅书房	卧室	卫生间	厨房	衣帽间	储藏室
食品类	食品	主食及副食	大米 白面 小米 香米 黑豆 黄豆 豆角					☆		
		调味	白糖 红糖 酱油 老抽 醋 香油 食用油 辣酱 甜面酱 番茄酱 花椒 大料 苏打 料酒 五香粉					☆		
被服类	服饰	衣服	羽绒服 外套 上衣 长裤 短裤 裙子 内衣 打底衣 秋衣 风衣 首饰 领带 围巾 手套			☆			☆	
		鞋	高跟鞋 运动鞋 皮鞋 靴子 儿童鞋	☆					☆	
		旅配饰	旅行箱 购物袋	☆						
	床上用品		床单 被罩 枕套 被子 褥子 枕头 毛毯 绒毯 靠枕 薄被 床刷			☆			☆	
卫生类	日化		肥皂 洗发水 护发素 沐浴露 香皂 洗面奶 面膜 爽肤水 乳液 香水 剃须刀 梳子 吹风机				☆			
			毛巾 浴巾 搓澡巾 洗澡筐 收纳盒				☆			
保健类	保健品		药箱 纱布 创可贴 绷带 体温计 血压计 酒精棉球 镊子 剪刀 退烧药 冲剂 药膏			☆				
			阿胶 燕窝 钙片 人参 维生素 三七片					☆		
	母婴用品		奶粉 肚兜 外出服 披风 斗篷 围嘴 奶瓶							
文体类	文体用品		图书 小说 杂志 笔记本 手绘板 订书器 胶水 笔筒 文件夹							
			台灯 摆件 相册 艺术品 陶瓷 古玩		☆					
工具类	厨房用品		碗 碟 盆 果盘 平底锅 砂锅 蒸锅 电饭锅 烧水壶 恒温壶 蒸蛋器 刀 铲 勺					☆		
			烤箱 微波炉 蒸箱 洗碗机 消毒柜 保鲜袋 保鲜膜 防烫手套 洗洁精 钢丝球 百洁布 麻布					☆		
	清洁用品		洗衣手套 抹布 马桶刷 扫把 纸巾 棉签 卷纸 洗衣液 柔顺剂 消毒液 洁厕剂					☆		
			拖布 洗手盆 洗脚桶				☆	☆		
	家庭工具		纸巾盒 桌面垃圾盒 灭蝇器 电蚊香 风扇 灭火器 插排 电熨斗 衣架 工具箱 吸尘器	☆						
			加湿器 空气净化器 甲醛仪 雾霾仪		☆	☆				
	安全工具		保险箱			☆				
其他类	杂物		雨伞 斗篷 婴儿车 自行车 拐杖 轮椅 儿童椅							

图片来源：尚朴设计工作室提供

其会结合用户的具体收纳需求，确定收纳分区并量化形成详细的用户行为信息调研表。接下来，用户会对某种场景进行定性描述，从非常愉悦到不舒适分为 4 个程度，这些描述会作为设计痛点及参考要点，尚朴进而会在设计中植入设计亮点和惊喜点，实现个人情感定制，如图 9–6 所示。最后，尚朴经过与用户的反复交流，优化最终的服务蓝图设计，完成室内整体设计及局部精细化设计，如表 9–2、图 9–7 所示。

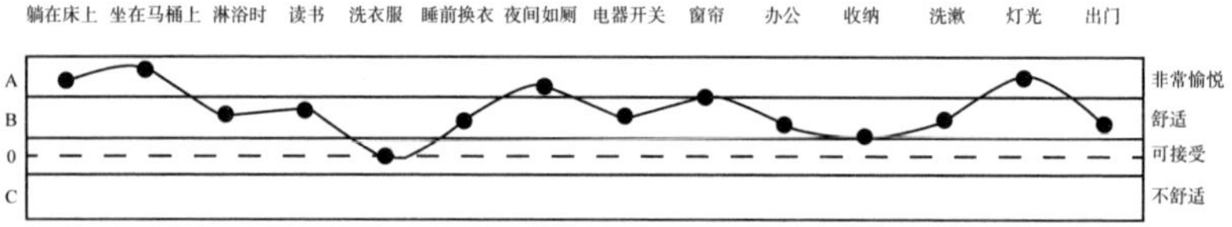

图 9–6　居室体验峰终值设计

图片来源：尚朴设计工作室提供

表 9–2　居室体验量化蓝图

	躺在床上	坐在马桶上	淋浴时	读书	洗衣服	睡前换衣	夜间如厕	电器开关	窗帘	办公	收纳	洗漱	灯光	出门
场景描述	半卧在床上，感到柔软舒适、灯光温暖无眩光，手机可便捷充电，有独立可控阅读灯	可以便捷、干净地打开马桶盖，坐在上面温暖且可自动冲洗。夜间有感应灯，手纸在左，垃圾在右，可以看杂志	地面温暖、防滑洗漱用品使用方便、热水快	可以控制灯光，无眩光、干扰小放书的空间	在客厅、卧室无洗衣噪音	有换洗筐和衣物搭放处	弱光线，不影响他人，易操作开关，夜晚不刺眼	智能空调，可设置睡觉模式，降低夜晚噪音，提高睡眠质量	智能窗帘，可与闹钟相通，晨起自动打开，夜晚自动关闭	可为笔记本和手机充电，有独立光源，桌面宽度不小于 0.5 米深	有随身背包存放、贵重物品存放；收纳分人、分区、分类	一边刷牙可以一边听歌或听新闻，牙膏牙刷、洗头液爽肤水香皂不需要俯身操作	无眩光、色温中性，可独立和一键控制	双控以上开关，可关闭卧室所有电器
物品描述	靠枕（可以半仰，目光开放，还可以避免眩光）；射灯在 3000k；床头柜、自动充电器、床旗（袜子细菌多）开口吊腿床头柜，放置纸巾盒及垃圾盒	智能语音马桶无触碰冲水、感应灯、杂志盒、感应垃圾桶	防滑垫、洗漱架、暖风机	独立阅读灯，色温大于 3000k	洗衣机防震	移动收纳筐	床头感应灯及地台区双控开关组合	智能空调	电动窗帘	墙上 7 孔插座和 usb 接口，折叠式壁挂办公桌，简约台灯	临近床，便于使用	智能浴镜，洗盆前放置香皂和肥皂，空间局促可以将牙膏牙刷及洗发水、毛巾可挂墙设置	可调节亮度和色温开关	电器一键关
选材		TOTO 智能马桶黑色亚光金属架		……	……	……	……	……	……	……	……	……	……	……

备注：量化蓝图必须按次序设计，场景描述—物品描述—选材；场景、物品可根据预算调整。

图片来源：尚朴设计工作室

图 9–7　体验式家居设计服务系统案例

图片来源：尚朴设计工作室

问题分析，搭建需求与供给的桥梁

观察用户是为了挖掘用户的需求，以更好地对服务系统需求端进行深度描述，系统建模则是基于对服务系统自身资源的分析，对服务系统供给端进行深度梳理，之后最需要做的就是打通需求端与供给端，搭建需求与供给的桥梁。

从运筹优化的角度来理解，就是通过需求分析得到优化目标，再通过系统建模得到可行解空间，服务创新的过程就是从可行解空间中找到最优的目标映射。为了达到这一目标，我们在这里创新地使用了质量功能展开技术，以量化服务系统中的矛盾所在，从而将复杂的服务创新过程聚焦于最能改善服务质量的子问题上，这样既能保证服务创新的系统性，同时又保证了创新对象的具体性以及创新方案的可执行性。

质量功能展开技术源自日本，是一种将需求转化为产品要求的方法。它通过对利益相关者的需求进行多层次的演绎分析，将之逐步转化为产品的设计要求、零部件特性、工艺要求、生产要求。这一技术后来在美国得到了进一步发展，如今已在世界范围内得到广泛运用。

质量功能展开技术的应用领域也随着几十年的发展，从产品设计和生产领域逐步向管理行业、服务行业渗透。比如，我们曾经在铁路货运改革产品设计中，利用质量功能展开技术将利益相关者的需求转化为产品设计要求和技术要求。在服务创新活动中，质量功能展开技术可用于量化分析顾客需求与创新对象（方案）之间的关系，找出对满足顾客需求贡献度最大的关键措施，从而对服务创新人员进行针对性指导。

质量功能展开技术的运用可以方便产品设计人员抓取主要矛盾（物理矛盾和系统矛盾），开展稳定优化设计，从而开发出满足用户需求的服务产品。在质量功能展开技术中应用比较广的是

“质量屋”，它是一个将用户需求与技术要求相对应的质量矩阵，能帮助服务创新人员回答三个重要问题：对服务系统最大的需求和期许是什么？实现这些需求的服务系统组件是什么？创新后的理想服务系统是什么？

以我们为铁路货运服务做的设计为例，如图 9–8 所示，一个较为完整的质量屋主要包括以下几个结构：

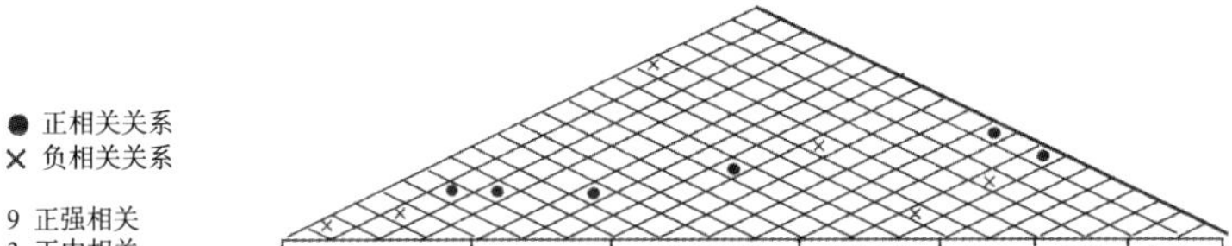

		司机				APP			后台数据库				配送人员			车辆		收据		短信	
		工作简易性	信息反馈速度	信息准确度	驾驶安全性	使用便利性	数据更新速度	信息透明度	数据更新速度	数据完整性	数据准确度	使用便利性	服务态度	签收速度	工作效率	安全可靠性	整洁度	使用便利性	信息完整度	信息准确度	时效性
需求	权重																				
我希望了解司机信息	3							3		1									1		
我希望随时了解货物位置	2	3	9	1		1			9												9
我希望订单快速到达	5	3			3		1						3								
我希望随时联系到司机	3		9																		
我希望配送员穿着得体	1																3				
我希望配送员服务态度良好	3												9								
我希望可以选择配送时间	2										3										
我希望包裹完好无损	4				3											9					
我希望个人信息不被泄露	4							3				3		3					3		
我希望完整地检查货物	5													9					3	1	
我希望签收流程简洁	2											1		9	1			3			
	得分	21	45	1	27	2	5	21	18	3	6	14	42	75	2	36	3	6	30	5	18
	排名	7	2	20	6	18	14	7	9	16	12	11	3	1	18	4	16	12	5	15	9

图 9–8　质量屋示例

左墙：利益相关者的需求（亦称为顾客之声）及其权重。

天花板：为了满足利益相关者的需求，提出对货运产品的技术措施，明确货运产品应该具备的质量特性，将其整理后填入质量屋的天花板。

房间：关系矩阵，用于记录利益相关者的需求与技术措施之间的关系矩阵，两者的关系越密切，其取值越大。

地板：技术措施的指标及其重要程度。

屋顶：相关矩阵，用于评价各项技术措施之间的相关程度，因为各项技术措施之间可能存在交互作用，比如某些技术措施之间可能相互强化，有些技术措施之间则可能相互抵触削弱。在选择技术措施及指标时，必须考虑到交互因素的影响。

在使用共情地图获取用户的需求和困扰后，我们将其输入质量屋的左墙，并根据调研结果或通过焦点小组的方法填写需求的权重。

另一方面，在利用服务蓝图明确服务系统的关键组件及其耦合关系之后，我们将其填入质量屋的天花板和屋顶。之后根据专家的打分结果在房间主体的关系矩阵中填入正负相关关系得分，然后计算出各个系统组件（特性）的总得分。

从质量屋的结构可以看出，这里的得分指标表示未来服务系统要进行改进的重要性排序，因为每一个组件特性的得分都是可以溯源的，并且追溯后的原点就是对用户的观察，也就是用户的需求。这就保证了之后所有的服务创新活动都是由用户需求驱动的，这是创新成功的基础。

质量屋还可以精确定位服务系统中的物理矛盾和系统矛盾。物理矛盾指的是对于同一个参数有相反的两个期望。比如，用户既想要手机大一点，以便其方便阅读和操作，同时又想让手机小一些，以方便携带（之前出现的翻盖手机、滑盖手机以及最近出现的折叠手机都是在解决这个矛盾）。又如，用户在就餐的时候，既想让服务员在旁边站着，以便于随时提供服务，又希望服务员能够远离自己，给自己独立的就餐环境。

而系统矛盾指的是一个参数的改善会引起另一个参数的恶化。例如在坦克制造的过程中，为了提高坦克的防弹能力，会加大装甲厚度，但是这会引起坦克移动能力的降低。物理矛盾和系统矛盾是之后进行服务创新活动的基础。

在质量屋中，我们首先要找到最需要进行服务改善的位置，例如图 9–8 中的签收速度，用户的两个不同的需求“我希望完整地检查货物”和“我希望签收流程简洁”对服务创新提出了相反的驱动力，这就是物理矛盾。再看图 9–8 中的另一个组件参数“信息反馈速度”，如果要提升实时配送进度的反馈速度，那么根据屋顶的组件相关关系，服务过程中可能会增加司机、快递员的工作负担，这就是系统矛盾。

采用质量屋的形式进行质量矩阵展开，其优点在于不但环节直观易懂，而且其能处理和分析的信息量非常大。在服务创新活动中，质量屋可以综合需求端和供给端两侧的输入，同时输出具体的物理矛盾和系统矛盾，方便之后借迁移后的 TRIZ 发明原理进行规范化创新活动，对应物理矛盾更多地使用服务分离原理，系统矛盾则用服务发明原理来解决。

如何“发明”服务

服务中的分离原理

分离原理作为一个普适性的创新指导原则，一直广泛地存在于创新设计的过程中，只不过创新人员并没有意识到。以我们之前做过的一个互联网医院创新设计的项目为例，当时甲方希望我们能够针对帕金森疾病，设计一款以慢性病管理为特色的互联网医院产品。在经历使命需求分析等一系列活动后，我们发现该平台遇到的一个重要问题是老年群体对于智能手机和App的使用存在障碍。由于该平台主打帕金森等慢性疾病，该类疾病的主要患者群体为中老年人，其中很大比例的用户对于智能手机的使用并不熟悉，而作为互联网医院的一个重要终端，在现阶段智能手机很难避开。为此我们提出家属代操作功能，即同步开发一款家属使用的App，家属可以在任何地方进行预约医生、发起远程会诊、购药、付费等活动，老年患者只需要点击一个按钮就可以直接接入视频会诊室中，向医生反馈自己的病情变化和服药情况。这个方案从本质上来说，是将App用户的操作流程与信息交互流程分开。也就是说，传统的App的操作者和软件功能的受益者是同一个人，例如对于新闻类软件，用户通过登录、点选、输入、搜索（操作）来接受软件的服务（获取新闻信息），所以操作和信息交互是统一的，由同一个主体实行。但在互联网医院系统上，一切复杂的手机操作均由熟悉智能手机的家属来实行，对于老年患者来说，只需要提供信息交互（口述病情，听取医生的治疗方案和建议）即可。

分离原理通常可以分为 4 个具体措施，分别是空间分离、时间分离、条件分离和系统级别的分离。比如，为了缓解交通拥堵，景区停车场会规划在景区外（内）距离入口有一定距离的地方，这就是空间分离。又如，宜家的平板包装配送模式说明家具在不同时间段有不同的形式，在商店它以完整的产品形式展示，在顾客购买时它以零件的形式装在一个盒子里，顾客到家后它又被还原成完整的产品形式。现在很多视频网站采用缴费会员无广告的方式进行赢利，这可以看作是条件分离。

服务创新发明原理

如果说分离原理是针对物理矛盾的主要解决方式，那么服务创新发明原理就是解决系统矛盾的有力工具。在传统 TRIZ 中有 40 个技术发明原理，我们将其迁移到服务创新领域，并且依据服务业的案例对每一个发明原理进行了新的阐释。

例如，美国著名的在线旅游网站 Priceline 的创始人杰伊 · 沃克认为住宿的价格应该由用户来定，并因此创立了客户自我定价系统，允许消费者就某种商品或服务，报出自己愿意支付的价格，再由供应方（如酒店）去竞标。这一方面利用服务的易逝性创造了一个新的市场，另一方面利用对应发明原理中的逆向思维，将

“顾客根据价格选酒店”改为“酒店衡量损益争顾客”。

再比如，发明原理中的第10条——预先作用，其定义为预先使物体发生必要的改变，通过预先处理物体，或将物体系统提前放置，减少位移或准备过程，保证第一时间发挥作用。从定义可以看出，这一条发明原理已经在服务系统中得到了大量的应用，例如在物流服务系统中比较火爆的前置仓，或者宾馆管理中在客人退房前一晚将账单放置在客人房间里等做法无一不与这一发明原理相对应。

服务创新发明原理一共有近40条，设计人员既可以直接选择和使用，也可以通过矛盾矩阵的方法，后者更接近于程式化的创新流程，可以一定程度上减少设计者的工作量。具体来说，我们首先对矛盾矩阵进行了重新设计，将传统TRIZ中的技术参数进行了选择性的梳理，保留和迁移了39个技术参数，重点对其中的15个参数进行补充定义。例如，原有的第29条技术参数为运行准确性，其解释为系统或物体参数的实际值与这些参数的规定值之间的匹配度，该参数在服务系统中，则补充定义为服务传递与服务标准之间的差距（经典服务差距模型中第三类差距）。

在对服务参数进行迁移和补充后，我们将服务参数的恶化与改善关系制成二维化的矩阵，服务创新者可以根据明确的服务参数（系统矛盾）去矩阵中索引备选的服务创新发明原理。之后再依据各业内专家、业界资深工作人员的头脑风暴将抽象的发明原理“翻译”成实际的创新方案，再对创新方案进行仿真验证、赢利测算等保证其在运用过程中的有效性。

其他创新启发方法

除了分离原理和服务创新发明原理，我们在技术进化法则的启发下，提出了更适用于服务系统的进化法则。因此，当开发一个新的服务系统时，我们可以参考服务系统进化法则，帮助设计者开拓思路，引导正确的创新方向，进而缩短开发所需的时间。在这里我们主要对八大技术进化法则进行了迁移和改进，提出对应的服务系统完备性法则、缩短价值传递路径法则、系统参数同步法则、提高理想度的法则、子系统非均衡进化造成系统矛盾的法则、向超系统转变的法则、向微观层转变的法则和提高系统柔性的法则。以缩短价值传递路径法则为例，其在工程领域的含义为服务系统进化的方向，是缩短能量在系统内流经的路径。在服务业，家乐福公司采用供应商直供的模式符合缩短价值传递路径法则。家乐福的做法是减少中间的经销商的传递环节，这大大降低了库存成本，并能够保证需求与供应信息的有效沟通，降低缺货率，提供高效的服务。

为了更好地利用互联网技术和数据挖掘技术，我们以 SERVINO 解题算法为主线逻辑进行了基于 Web 端（电脑端的网页版）的工具软件开发工作，如图 9–9 所示，该软件整合了服务创新解决过程中的主要工具，是一套相对完整的问题解决程序。在这个软件中整合了服务创新案例库和使能技术库，通过结构化梳理形成以创新理论和解题算法相呼应的检索方式，即学即用，帮助开发人员启发思路，方便其验证创新方案的可行性。随着服务创新案例库的持续建设，包括矛盾矩阵在内的部分服务创新工具仍会继续迭代改进。

图 9–9　SERVINO 软件工具的截图

第 10 章　平行服务

“顾客是上帝”，但是作为服务提供者我们对“上帝”的了解有多少呢？服务的内在属性（无形性、异质性、易逝性等）使得服务管理变得极具挑战，而这些挑战的核心皆源自人，不将人的行为、特征、动机融入服务管理，我们就无法真正做到“以人为本”，也就无法达到卓越的服务水平。

目前，服务科学研究基于制造业的管理理论和实践，结合服务的特征，取得了一系列研究成果，然而，如何系统地在战略、战术、运营三个层面全面融入人的因素，仍然是极具吸引力和挑战性的难题。

我们基于王飞跃教授提出的平行控制与管理理论体系，针对复杂服务系统，提出了平行服务管理框架：首先，将服务系统作为典型的复杂系统进行建模，形成人工服务系统；其次，通过大量计算实验为服务系统各个层面的决策提供支持；最后，通过人工服务系统与真实服务系统的平行执行，实现面向真实服务的平行管理。

构建平行服务系统的关键基础在于对顾客进行建模，我们将其分为服务需求周期模型、服务渠道选择模型和平行学习与优化模型三个核心组成部分。平行服务系统的典型潜在应用包括服务渠道演化分析、服务微营销与智能化服务推荐等。从整体来看，平行服务系统有如下三大优势。

第一，将行为科学、环境影响（社会环境与自然环境）和其他因素融入服务管理，丰富了服务科学的内涵；

第二，通过计算实验，利用人工服务系统对服务决策进行评估和支持，提升了服务管理决策的科学性；

第三，利用人工服务系统与真实服务系统平行执行的优势，在更加深入理解顾客需求的基础上，为进行更加智能化、个性化的服务创新提供了支持。

平行服务，一种孪生视角

图 10–1 展示了平行服务管理的基本框架。图中左侧的真实服务系统包含三个主要组件：实际服务系统、客户和环境。与实际服务系统相对应的是人工服务系统，人工服务系统不仅可以模拟真实的服务系统，还可以借助大数据来分析了解客户，通过物联网和社会计算以了解环境。平行服务管理的最终目的是通过平行

执行人工服务系统为实际服务系统提供决策支持。

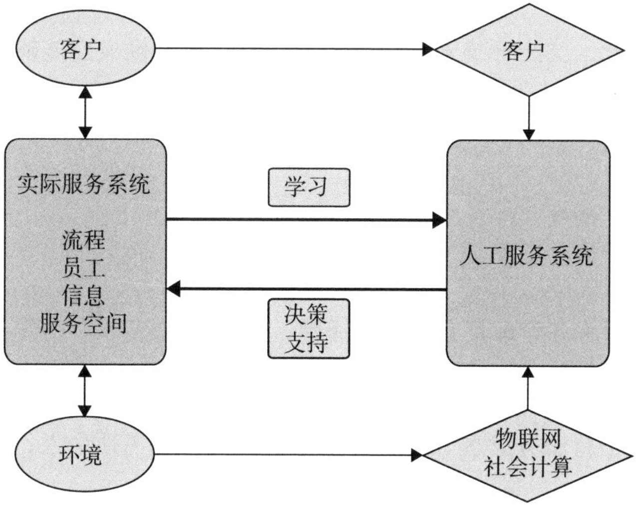

图 10-1 平行服务管理的基本框架

平行服务管理的独特性

在当前的实践中，服务提供者通常只能在客户使用其服务时收集到数据，这意味着服务提供者对客户的了解高度依赖于交易数据。而平行服务管理会将不同来源的数据纳入考量，包括但不限于点击数据、摄像头数据、地理位置数据，甚至是社交网络数据，其不仅关注前来购买的客户，还考虑潜在客户的需求。

虽然许多顶尖的服务供应商已经开始在特定的活动中使用伏击营销等技术来促进销售，但大多数服务供应商仍无法动态地追踪环境（社会和自然）的变化以更好地为客户提供服务。平行服务管理认为，同一客户在不同环境中可能会有非常不同的服务感知。因此，结合环境对客户行为的影响，服务供应商能够使人工服务系统为实际服务系统提供智能决策支持。

平行服务管理的三层尺度模型

平行服务管理具有尺度灵活性，如图 10-2 所示。传统的复杂自适应系统主要关注智能体与环境之间的交互所产生的宏观涌现行为，平行服务管理针对服务系统构建的模型包括个人、群体和大众三层结构。随着尺度的扩展，组织结构的复杂度也相应增加，这将导致研究不断聚焦人与人之间的联系和互动，却模糊了思维 / 动机 / 偏好的复杂度。

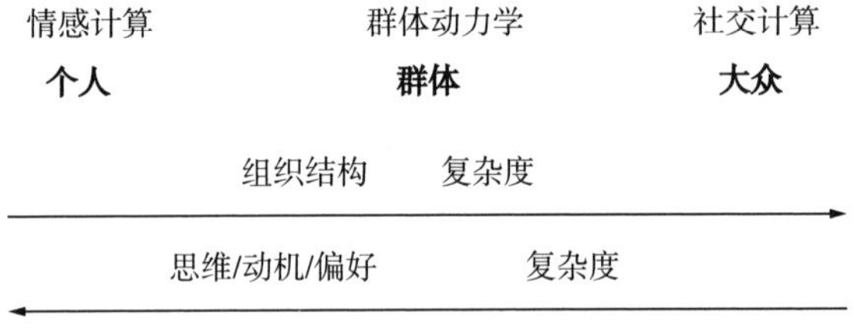

图 10-2　平行服务管理的三层尺度模型

平行服务管理的三层尺度模型整合了认知和行为科学、社会网络和群体研究中的最先进的成果。

在个人层面，它使用诸如情感计算等技术细致模拟客户和员工的行为。个人层面的关键要素是一个人的思维、动机和偏好，这与人的特征、情感、需求和信仰相关。

在团体层面，它采用诸如群体动力学等技术构建对群体独特行为的认知。例如，一个群体是否对服务感到满意，以及群体如何选择服务。

在大众层面，它与社交网络分析相类似，利用社交计算技术来观察和描述复杂的社会行为。

之所以引入群体层面和大众层面，是因为当我们在目前的服务管理研究和实践中谈论客户满意度时，我们通常会对单个客户使用不同类型的调研方法，却几乎丝毫不关心群体客户中不同客户之间满意度的差异。

一个群体的结构、沟通和内部关系都可能会影响该群体的整体服务满意度。当一个群体的规模扩大时，其最终会成为大众，而大众的满意度是另一个需要探究的关键问题。以公共服务为例，当我们思考公益问题时，我们实际上思考的是面向最广大群体的服务满意度问题。

服务搭载人工智能

为了支持平行服务管理中的计算实验和并行执行，人工服务系统的设计需包含三个典型组成部分：服务需求周期模型、服务渠道选择模型和平行学习与优化模型。

服务需求周期模型

在服务实践中，我们通常使用已实现的服务数据（例如零售中的零售终端数据）来分析客户需求。然而，这么做存在一定的局限性：我们忽视了未满足的需求以及未观察到的需要所能带来的未实现需求。在人工服务系统中，我们提出了服务需求周期模型，采用随机模型来表示客户需求的周期性，用以生成客户需求。

服务渠道选择模型

服务提供者所遵循的服务选择理论至关重要。在建立服务渠道选择模型时，效用理论是最为基础的主导理论。但是，选择服务供应商比选择产品要复杂得多。例如，Fab.com（美国闪购网）的客户从好奇心和乐趣中获得了更多的满足感，而非优惠的价格或产品的品质吸引了他们。因此，我们采用满意度差距模型对客户期望与服务感知进行比较，并将满意度差距模型与效用理论模型相结合，最终构成了服务渠道选择模型。

平行学习与优化模型

平行执行要求人工服务系统具有从实际服务系统进行实时学习的能力，这对当前的机器学习算法提出了巨大的挑战，更遑论对客户和环境的观察与信息的延展处理。基于当前的计算能力，半实时方法或并发处理也许是一个可行的解决方案。

为实际服务系统提供决策支持是人工服务系统的基本任务。基于以往的工作经验，我们提出了一种基于智能体的双层优化模型，其应用于城市交通服务优化问题的有效性已经得到了计算实验的证明。在双层优化模型中，我们可以使用下层的人工服务系统对客户响应（如城市交通中的客流）进行预测，并在上层采用启发式算法寻找更好的服务问题解决方案（如城市公共交通中的公交车频次）。采用双层结构，可以很容易地在上层集成不同的运筹学技术，并将人工系统作为评估函数，这也给平行服务管理框架带来了巨大的灵活性和潜力。

服务管理的“平行”时代

服务渠道演化分析

在大多数服务行业中，我们可以观察到服务的演化模式，其中，服务创新是服务进化路径上的里程碑。我们能否通过分析服务演化来预测或评估服务创新是一个值得探讨的问题。

以零售业为例，超市巨头沃尔玛于 20 世纪 60 年代开设了第一家店铺，之后出现了会员仓储俱乐部，20 世纪 90 年代，在线零售商诞生，典型的例子如亚马逊。时间线只是其中一个维度。

另一个重要的维度是市场份额，在中国，在线零售从 2006 年的 1.5% 增长到 2017 年的 19.6%[①]，价格竞争力和便利性的提升是其主要驱动因素。因此，当我们把这些因素纳入客户选择过程，从理论上讲，我们应该能够再现零售服务渠道的演变。此外，我们还可以利用计算实验来评估诸如 O2O（线上到线下）等创新趋势的潜在发展路径。

服务微营销

使用平行服务管理的一种途径是直接发展嵌入平行服务管理的智能服务。这种方法的独特优势在于服务设计者能对客户和环境有更好的理解，其基础使用了来自大数据、物联网等技术的信息和知识源。

使用嵌入式平行服务管理发展智能服务类似于微软的游戏平台 Xbox One，后者能通过 Kinect 摄像头识别不同的家庭成员，并向其推荐不同的电影。利用嵌入式平行服务管理，服务供应商可以根据计算实验结果向用户推荐合适的服务。

在某些情况下，使用嵌入式平行服务管理，服务供应商推荐的服务可能会超出客户的预期。例如，利用嵌入式平行服务管理，餐饮服务供应商可以向有健康饮食需求的客户推荐低碳水化合物

① 电子商务研究中心 .2017 年度中国网络零售市场数据监测报警 [R]（2018-6-13）.

菜肴的组合，甚至可以为之提供一系列就餐地点建议。

智能化服务

我们以精准医疗系统为例，其以每个病人的个人体征为中心建立了大型数据库，通过分析量体裁衣地为每个病人制订个性化的治疗方案，以指导和改进实际治疗。图 10-3 所示为精准医疗系统的平行服务框架。

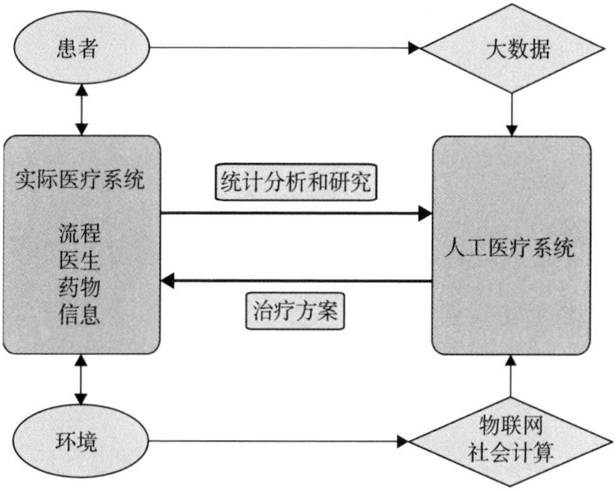

图 10-3　精准医疗系统的平行服务框架

如今癌症的治疗手段多样，但只有根据患者个体的情况，制订科学的治疗方案，才能达到最好的治疗效果。精准医疗可以通过基因测序和肿瘤靶向药靶点检测技术，精准匹配患者的个人信息和药物信息，实现肿瘤的个性化治疗，以提高用药效率，达到最佳疗效并减少治疗费用。

案例研究

在保证客流正常有序通行的前提下，提升并丰富旅客在车站的候车体验，增强用户的服务感知能有效增加客流，而火车站的布局严重影响着用户的服务感知。我们在高速铁路成都东站进行了计算实验，基于旅客决策制定过程对车站布局进行了改进，结果有效增加了进入商店的客户数量。

构建人工服务系统

我们通过发放问卷对店铺属性与乘客属性之间的关系以及乘客进入店铺的决策过程进行了分析，并根据分析结果将商店分为两种：集合 A 表示乘客看见的商店集合，集合 B 表示距离小于乘客可接受步行距离的商店集合。

根据实际情况和问卷分析，仿真系统生成了 13 个商店及其属性。该系统还分别从东、西、南、北入口每小时相应产生 500、1 000、800 和 500 个乘客。对于每个乘客，生成 4 个属性：可用时间、模式、列车类型和检票口，并由此确定一名乘客进入商店的初始概率。

如图 10–4 所示，在乘客从其进站口通往对应检票口的过程中，集合 A 每秒更新一次。在乘客到达检票口后，集合 A 和集合 B 的更新完成，乘客随即决定是否进入商店。

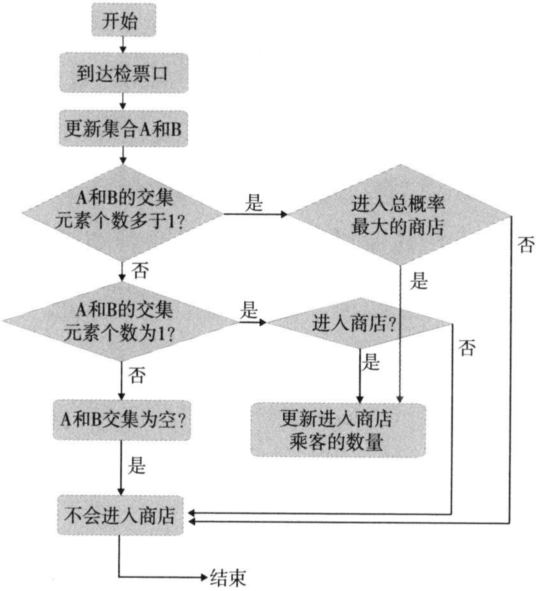

图 10-4　乘客智能体的决策过程

根据分析，旅客从入口到达检票口的路线可能经过两个区域：区域 A，商店和检票口之间；区域 B，两排检票口之间。在仿真系统中，我们通过添加两个屏障墙来调整车站的布局，如图 10–5 粗灰线所示。在布局调整后，车站调整了东西进站口的检票流线，B 区仅用于静态的排队检票，这样减少了横向人流穿过，保证了检票秩序。同时，改变后的 A 区外围动态路线配合布置更多的商业功能，在旅客前往检票口的过程中增加旅客的进店概率，提升了有效购买力。

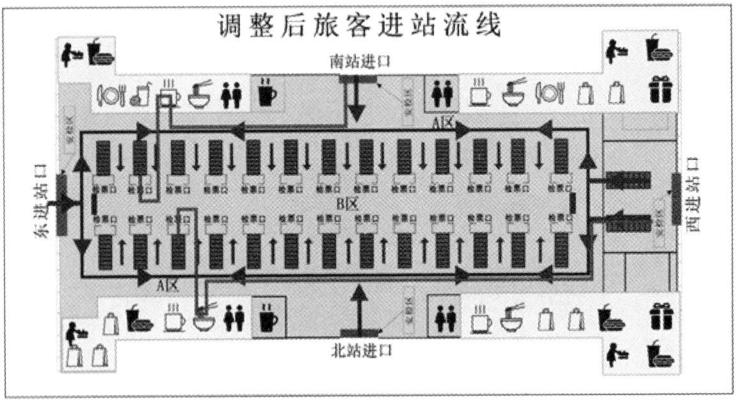

图 10-5　调整后成都东站的布局

实际系统实施

我们记录了仿真布局调整前后上午 8~9 点间进入商店的乘客数量，如图 10-6 所示。

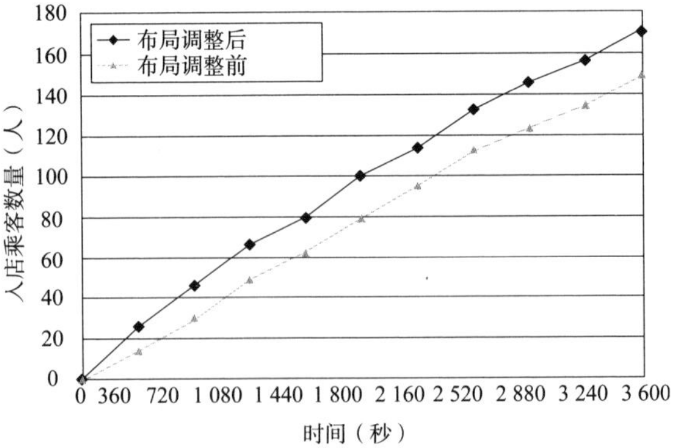

图 10-6　布局调整前后的商店进客统计

从图 10–6 可知，布局调整后，入店乘客数量与调整前相比有显著增加。

从图 10–7 可知，布局调整后，商店进客率的表现好于调整前。经过仿真预热过程（0~1 800 秒）后，商店进客率稳定在 21% 左右，比调整之前高出 24%。

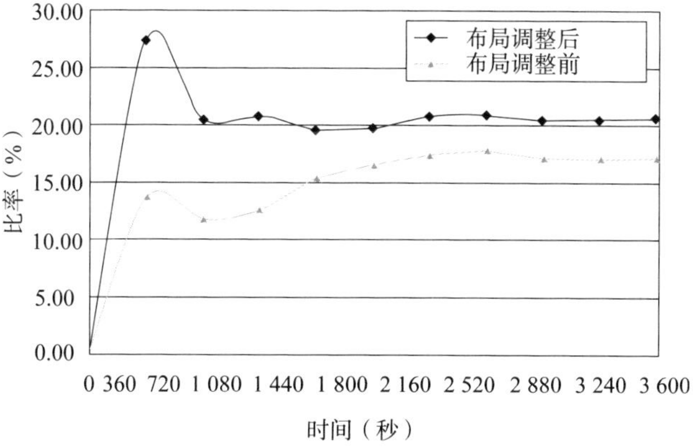

图 10–7　商店进客率

在实际应用中我们用同样的方法进行布局调整，其实施结果表明：调整后商店进客数量比调整之前增加了 20% 左右，与人工服务系统得出的结果总体一致。

服务创新与未来生活

第 11 章　服务创新与未来生活

传统服务业的供给可以总结为“四大件”，也就是说，顾客对服务主要考虑 4 个因素：性价比、便捷性、可靠性和丰富的选择。现在消费者在意的是什么？或者说，现在的消费者对服务感知的期待是什么？

有一则苹果的广告或许可以给我们一些启示：“我们曾经以为便利等于乐趣，丰富等于选择，设计需要焦点，现在我们首先去探讨我们希望给人们带来什么感觉：开心、惊奇、喜爱相连。”

换言之，我们曾经认为给消费者提供足够的便利性就好，但是，现在看来便利不等于乐趣。我们现在要深入思考服务能带给消费者什么样的感觉和体验，而这种面向感觉和体验的创新型服务，也在定义着我们的未来生活。

好奇心

Fab.com 是美国的一个创意产品闪购网站，如图 11–1 所示，一眼看去，图左侧所示好像是一排沙滩椅，仔细再看，原来这是插在沙滩上的椅背。既然都到沙滩上了，为什么还需要椅子的下半部分呢？我们完全可以坐在沙滩上，所以这个椅背实在别出心裁。

网站中展示的插在沙子里的椅背激发了用户的好奇心，当他们进一步浏览、搜索的时候会发现更多有趣的产品。图 11–1 右上角所示是一个长得很像摩天轮的产品，其实那是用来晾毛巾的晾衣架，多么浪漫的日常！右下角所示则是一个别出心裁的开酒器。总而言之，该网站的最大特点就是网站中 90% 以上的东西在其他渠道都买不到，因此，它满足的是用户的好奇心。当用户想送朋友一个意想不到的礼物时，该网站自然成了不二之选。

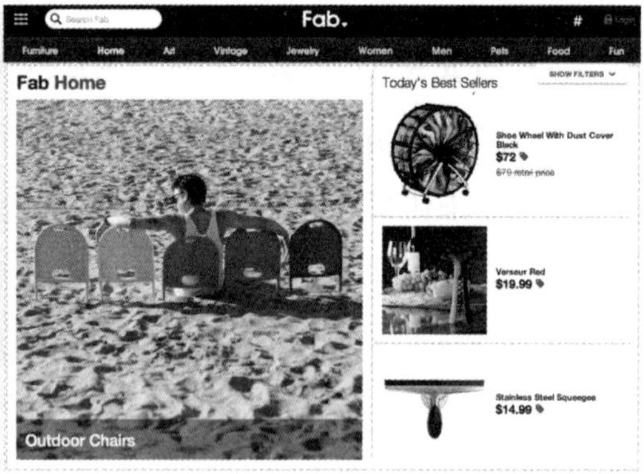

图 11–1　Fab.com 售卖的沙滩背板

图片来源：https://fab.com/

乐趣

我曾经历过一件很有趣的事情。我有一个朋友是做服装零售生意的，有一回他问我是否愿意参与耐克的一个活动：用 800 元买一箱耐克的商品，里面有两顶帽子、三件 T 恤、一件棉衣、两双鞋，共 8 件耐克的商品。

我粗略一算，每一件产品的单价是 100 元，并不贵，但有意思的是，我朋友告诉我，这些商品是什么颜色、什么样式、什么尺寸、男款或女款他一概不知，只有拆箱后才知道。

我觉得这种模式挺有意思，也不算太贵，就买了一箱。当我打开箱子从里面往外拿这些东西的时候，产生了一种莫名其妙的兴奋：我拿到的是一件红色曼联的棉衣，穿上很合适，自然感觉很开心，T 恤的样子也不错，鞋子的号码偏小了，那就送给别人吧。

拆着拆着，我突然感觉这件事很像有些人去缅甸赌玉。赌石的人也不清楚所谓的“玉”到底是不是玉，只有买下石头切开了才知道。拆开耐克的惊喜箱子就是这样一种感觉，在拆箱之后我立刻打电话给我的朋友，问他能再买一箱吗。结果我朋友告诉我：“对不起，没有了，下回有再告诉你。”

后来，兴奋劲儿过去了，我仔细回味了一下，实际上这是一件什么事情呢？

其实，这是商家在处理尾货，但这种处理方式实在巧妙。事实上，服装鞋帽行业最大的痛点就在于尾货。一般来说，这些尾货多出现在体育用品折扣店或奥特莱斯。但是把尾货放到那些地方，顾客要一件一件地挑，不满意又扔回去，员工还得把这些衣服归位，按照男女款、尺寸、大小规格分类别摆放好，这一系列行为非常耗费人工，而且尾货还不一定能售完。

但是我的朋友推荐体验的这种模式，不管商品的款式、尺寸、大小，放8件在惊喜箱里，瞬间解决了所有问题。出于乐趣，顾客还会想买第二箱。所以这是十分聪明的处理尾货的手法——利用顾客的好奇心，为顾客在体验过程中带来了乐趣。

如今，这种手法的线上版本已经比比皆是，各类电商网站上时常出现的“福袋”，就属于这种新营销模式。顾客并不知道福袋里面是什么，购买的驱动力更多是好奇心，买一个拆开看看里面藏着什么惊喜，其原理是一模一样的。

说起乐趣，我经历过的另外一件事又有别样的体验。

我之前很喜欢去海底捞吃火锅。我们都知道，在海底捞等位的时候，我们可以免费喝茶、下棋、打牌、喝豆浆，女士甚至可以免费美甲。但这些服务在体验过几次后就没有太多新奇感了。

一次，我坐在一个角落里看手机打发等位时间，一位海底捞的服务员突然走过来：“先生，你有没有兴趣下载我们海底捞的游戏玩一下？”这着实出乎我的意料，海底捞这样一个火锅店，居然还开发游戏？服务员进一步解释说，海底捞开发了一款游戏农场的手游，顾客可以在里边种菜种草，养牛养羊。我一听乐了：“我开心农场都玩了好多年了，为什么要玩你们海底捞的农场呢？”她大概料定我会问这样的问题，赶忙解释道：“我们这款游戏和开心农场不一样，在我们的游戏里，在你把小牛养大之后可以到店里换牛肉吃。”

玩游戏居然能换牛肉吃？此等好事，岂能错过？我立刻下载了这款游戏，然后开始认真养牛。很快，我又发现自己太天真了，因为养一头牛非常不容易！首先你要种草，要给草施肥、洒农药，然后要给小牛犊打疫苗，等等。我在等位的这半个小时之内是绝对养不大一头牛的。

吃完火锅回家的路上，我还惦记着养牛呢。三天之后，牛长大了，我的第一个念头就是赶紧去海底捞换牛肉吃。其实，此前我两三周才会吃一次海底捞，但这款养牛游戏让用户用虚拟的东西兑换真实的东西，这种乐趣吸引了我，以至三天之后我又跑去消费了，这次我不仅非常主动，还觉得很快乐，这就叫满足用户的“乐趣”。从这个角度看，服务创新还有广阔的空间可以挖掘。

由此推广开去，我们不妨命名一种趋势：Game Everything！其基本逻辑是，将最具黏性的模式——游戏与传统的服务模式相融合，形成独特的吸引力，占领所有对游戏感兴趣的客户群体所形成的庞大市场，其本质是精准引入高黏性的乐趣。

例如，多邻国采用游戏方式，让用户每天只需花几分钟时间，就可以学习英语、西班牙语、法语或德语，无需课本、无需老师，而且一切免费！通过利用行为学研究成果以及游戏制造商的理念，多邻国在短短几年之间，将用户次日留存率从 13% 提升至 55%。

同样，在游戏过程中通过解谜得到比特币。细想一下，《达·芬奇密码》和《头号玩家》这两部电影是否剧透了现实呢？

喜爱相连

关于苹果广告中提到的喜爱相连，最佳的例子恐怕当属微信了。

作为一个社交通信类产品，微信无疑是个传奇，现在我们生活的方方面面似乎都离不开微信。

微信的最大特色在于对社交关系的挖掘和维护，有了微信之后，那些多年不见的小学同学、幼儿园同学似乎都被"激活"了。几十年不见的老朋友一天之内都联系上了，而且第二天就可以约饭，这是一件多么神奇的事情。

以社交关系作为起点，微信又打通了包括支付在内的生活当中的方方面面，把用户以最便捷和最有趣（想想微信红包）的方式相连起来，这无疑是改变生活甚至生产组织的一种标记性的服务。

无须选择

近几年来，中国外卖订餐市场一直保持着高速增长，2017 年其市场规模达到了 2 045.6 亿元，增长率为 23.1%，也因此涌现出一些优秀的外卖订餐平台，比如我们熟知的饿了么、美团等。

我所在的学校周围的外卖餐厅多达几百家，我每次要花 10~15 分钟来思考自己想吃什么，下单之后再等上 40~50 分钟才能收到外卖。如果外卖的味道不尽如人意，那么我会觉得这一餐实在不值得我花那么多时间去思考和选择。换言之，虽然这些外卖平台为用户提供了多样性的选择，但是过于丰富的选择无疑给“选择”这件事情提高了不小的难度。

更为典型的例子是北京朝阳大悦城电梯里的楼层商铺指南图，如图 11–2 所示，每一层的商铺商标都密密麻麻地集中在这一张图里，如果我们寄希望于在这张图里找到自己心仪的餐厅，恐怕就不用下电梯了。

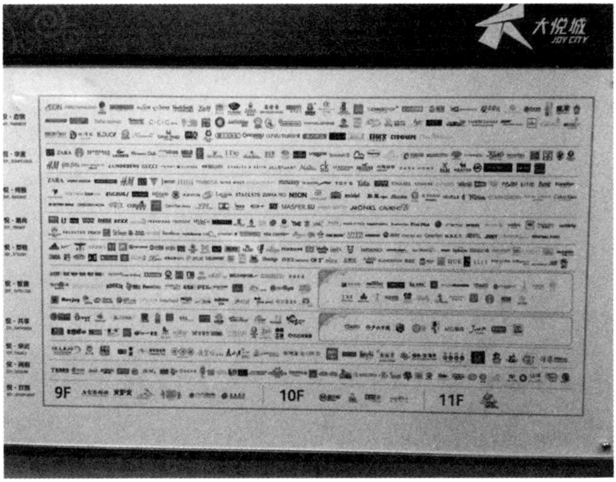

图 11–2　朝阳大悦城电梯里的楼层商铺指南图

虽然商城确实为用户提供了无比丰富的选择，但是对于有选择恐惧症的人来说，他们反而会感到无所适从，因此，提供丰富的选择未必就是好的服务。

那么，有没有更好的做法呢？有一个有趣的 App 叫作“ONE”（一个），它的核心思想是“在复杂世界里，一个就够了”。这个 App 运营的方式十分简单：每天给用户推送一张图，配一段文字，再加一篇短文或者几行诗。仅此而已，用户无须选择。

比如图 11-3 中的文案，明显是配合七夕节的氛围：“不管黑猪白猪，都是猪，不管笨猪蠢猪，在一起就不孤独。”多么暖心。

图 11-3 “ONE” App 的文案

图片来源：http://www.wufafuwu.com/a/ONE_tupian/2015/0326/69.html

还有一个颇受欢迎的 App 叫喜马拉雅。作为知名的音频分享平台，喜马拉雅拥有丰富的资源，给用户提供了很多选择，但用户可以从中选择自己喜欢的几个节目，订阅后就能通过打开订阅栏只关注自己感兴趣的内容更新。

所以，对于现在的服务来说，无须选择，可能才是更好的选择。

一举多得

现在我们来分析一家叫作“Hi 百货”的门店。Hi 百货的典型特征是充分利用空间，建立起多种类型服务的混搭，包括特色手工产品、儿童玩具、书店和咖啡厅，这种独特的场景和模式吸引了很多顾客想去一探究竟。在如此有限的空间里，它通过集成多种功能满足了顾客更加全面而丰富的需求。

随着生活节奏的加快，人们更愿意选择能够同时满足多种需求的地方。如果某个地方只能满足用户某一方面的需求，除非这件事情对用户有极强的吸引力，用户才会去。最理想的情况是，用户在一个地方可以一举解决多个方面的需求，那么这个地方就会对用户产生强劲的吸引力，因为它为用户节省了时间成本，提高了其工作和生活效率，使之可以花更多时间去做其他事情。

值得一提的是，芬兰赫尔辛基的颂歌图书馆（见图 11–4）给我留下了深刻印象，其使用虚拟现实技术、在线服务和图书分类机器人等先进的技术提升了市民的服务体验，植入更多创新设计，赋予了图书馆新的角色。其中，只有 1/3 的图书馆空间用于保存图书，其他空间承载了更多的功能，市民不只能够获得知识，还能够在这里享受公共生活，碰撞出思想的火花，实践有趣的想法。

图书馆一层布置了相对开放的功能区，咖啡厅、电影院、餐厅、问讯处等，为市民提供相对自由的交流空间，更吸引人的是由室内首层空间延伸到城市广场的开阔视野，景色宜人。二层是针对不同兴趣设立的小型空间，市民在其中可以体验音乐制作、录音、电子游戏、3D 打印、缝纫等各种有趣的活动，这里还有便于创业者工作的创客空间、研讨室以及联合办公空间等。三层则是图书馆，十分适合市民停下脚步，静下心来阅读一本书；旁边的儿童阅览区则十分人性化地考虑了儿童身高的特点，降低书柜高度，便于儿童取放。

图书馆的魅力在于它是赫尔辛基市经过大量调研后的创新设计，市民只需要前往图书馆，就能享受到丰富的生活乐趣，一举多得。这是一座功能开放且灵动的建筑，它扮演着“城市客厅”的角色，承载着市民阅读、聚会、娱乐、休息等多种活动，市民从中获取知识、技能、体验和故事。

除了服务创新，产品创新也处处呈现出“一举多得”的趋势。美国特斯拉汽车和太空探索技术公司的创始人埃隆·马斯克发现，美国很多家庭为了环保节能，会在装修自家屋顶时加装太阳能电池板。对此他不禁思考，既然屋顶上要装太阳能电池板，还要瓦片和

图 11-4　芬兰赫尔辛基图书馆的场景

房顶做什么？于是他研发出一种太阳能电池板屋顶。这种新型屋顶成本很低，每平方米的价格仅42美元，不仅功能齐全，屋顶硬度高，且自带加热功能，阳光还可以透过屋顶照射进来。这个创意通过将房屋建造成拥有太阳能的主体，利用房屋的墙体来储存电量进而为特斯拉电动汽车蓄电，形成了一个完整的生态系统。这个例子证明当一个产品被赋予多种功能时，不仅为顾客的生活创造了便利性，而且利用产品创新和服务创新启发着未来。

小窍门

在服务传递中为顾客提供一些小窍门，堪称现代服务创新的小窍门。

以鼎泰丰为例，它在向顾客推销大闸蟹的时候设计了大闸蟹的“品鉴”手册，用漫画的形式演示了大闸蟹家用煮食的方法，让用户在兴趣盎然中学习了如何烹饪和食用大闸蟹。

鼎泰丰通过向消费者展示如何正确而优雅地加工和处理其所售卖的大闸蟹，给予消费者一种心理上的细微暗示，一方面使之更加相信自己能够成功完成“后续任务”，另一方面也让消费者感觉自己的技能能够得到提升。这两个方面都非常重要，前者消除了消费者对于自己不会处理大闸蟹的“风险”的担心，后者满足了消费者希望拓展知识和能力的“渴望”。

再如海尔，如果你将茼蒿放入海尔新一代智能冰箱，它的显示器上就会显示一张关于茼蒿的图片，它想传递的信息是冰箱里面存放了茼蒿菜，更加详细的信息是分析茼蒿的营养成分并提供关于茼蒿的若干菜谱。这就是在向顾客展示知识和小窍门。当我们站在顾客的角度向其传递有效的小窍门，顾客会感受到，并且会有更好的体验和回馈。

微信公众号和小程序的推广，催生了小窍门零售的新模式，例如，“啃老师陪你喝一杯”就是威士忌收藏专家啃老师推出的公众号，其一方面通过《啃老师醉话威士忌》等课程进行威士忌品鉴的教学，另一方面通过“线上商城”和“酒吧预约”为用户提供威士忌的购买渠道。由权威知识引入，构建用户基于信任的体验闭环，这种“非主流”的模式很可能会成为未来的“主流”。

温情场景

温情场景是让顾客在体验服务的时候能够感受到温馨氛围的一种设计。

有一家外卖商家，它的最大特点是不用一次性餐具，所有外卖餐食配送的都是我们日常用的瓷制的碗和盘子。更温馨的是，这些碗都会盖着塑胶盖，以保证配送过程的卫生。等顾客用完餐，配送员会找时间上门回收餐具。显而易见，这家店的取送成本增加了，但其传递的生活理念深入顾客内心，它让顾客感觉到虽然自己在吃外卖，但在用心生活；没用塑料餐盒，自己也仿佛为环保做出了贡献。

该外卖商家的另一个温馨设计是在每一只碗的碗底都印上不一样的问候语，顾客在用完餐后，可以看到碗底写着“再看，我就把你吃掉”“抱抱”等字样，如图 11-5 所示，这些暖心的设计显然是现代快餐业中的一种差异化的做法。这个商家只要能够保障高质量的食品供给和配送速度，这种服务创新理念很容易使顾客产生较强的依赖性，让顾客在外卖中吃出家的味道和爱的味道。

图 11-5　碗底的问候语

全新互动

互动，是服务的本质活动。

在互动中，服务提供者除了满足用户对服务的显性需求之外，给用户带来乐趣、好奇等全新的体验，是服务创新的趋势。这一点在日新月异的技术进步的支持下变得尤为重要。

在很多优秀的博物馆中大家都会有这种经历，通过点击互动大屏上四处游动着的泡泡，就能够获取相应的各种有趣的信息，用户完全可以根据个人兴趣有针对性地获得信息服务。

整个互动过程是：点击任何一个图形，与它相关的主题和故事会变成气泡形状，再点击这个“气泡”，屏幕上便会展开具体的信息，同时，其他图形则会变小，信息的展示形式既有文字，也有可播放的视频。

新奇的互动方式能够引导用户主动探索并参与服务过程，这样的服务体验更能吸引用户。这是值得服务设计者思考的地方，也是信息技术能够更好地发挥作用的地方。

同样，新的互动方式已经开始模糊视频和游戏的边界，在网飞公司的《黑镜》系列的特别影片《潘达斯奈基》中，观众只需点击屏幕就能改变剧情的叙事结构。我们不妨这样理解，经过了近一个世纪的被动接收式观影服务，观众终于能参与进来了，或许比左右故事情节更让人兴奋的下一步，是观众以 VR 的形式变成了电影里的角色。如果真能如此，未来的电影，谁又能预测剧情呢？

口碑经济

口碑，是服务管理中的一个关键要素，一方面，它是顾客非常在意的一个重要的服务维度；另一方面，口碑也是构成顾客服务期望的基本要素。顾客期望与实际感知之间的差距则表现为顾客对服务的满意或不满意。

在有些服务领域，口碑甚至成了一项核心服务内容，例如大众点评。绝大多数电子商务网站的用户评论数据也构成了服务和商品的口碑，并成为用户做出购买决策的参考。

既然口碑在服务的方方面面都有着重要作用，那么如何在服务设计和管理过程中更加充分地发挥口碑的正向作用呢？中国有句老话叫“酒香不怕巷子深”，是说当服务或产品的品质足够高时，其仅仅依靠口耳相传就足以吸引客流，无须借助其他渠道进行宣传推广，也无须依靠店面选址。

因此，如果企业对其服务与产品拥有足够的自信，大可以让口耳相传成为一种主流宣传模式。事实上，在如今这个社交媒体时代，这种口耳相传已经拥有了更好的平台，它的传播速度之快是之前任何时代都无法比拟的，而抖音等视频传播平台，更是让这种口耳相传的有效性得到了大幅提升。

所以，当前做一家网红店最为便捷也最不便捷的方法，就是把产品的品质做好，这样自然会有一些先行体验的用户通过社交网络主动去进行正向传播，如果同时引入一些激励机制作为恰当的辅助，这样的正向传播会获得更好的效果。

我们在讨论口碑以及口耳相传的时候，不能忽视的一个问题是服务规模。当服务规模总体较小时，依靠口耳相传既能控制服务经营方面的风险，也能够带来足够的客流，但如果客流大幅增加，而服务能力没有同等的扩充机会，就有可能导致服务体验的下降。

此时，企业要么横向发展，即通过连锁化来扩大区域以覆盖更多的群体，以此拓展自己的服务范围，要么通过预约系统来平衡需求，甚至当服务品质不断提升的时候，企业可以通过适当调高价格，来降低服务需求的压力。

对于已经具备一定规模的大型企业而言，由于品牌和服务的主体特征已经得到了充分和广泛的认知，口耳相传已不再适用，此时有两类策略变得可行，一是在自身的服务系统当中通过对一些服务元素的创新升级，为已有用户创造一些惊喜，通过满足用户的好奇心，激起新一轮的口碑传播；二是通过社交营销让已有用户作为开发新用户的基点，做基于社交网络的营销。无论是初创期的服务还是成熟期的规模化服务，正向、积极的口碑维护以及营销都是保持企业活力以及开发新用户的有效方法。

负面的口碑对于服务业的影响往往是致命的。服务业的质量管理不同于制造业，后者在产品交付之前会经过多道检验环节，降低出现质量问题的可能，并且在产品出现质量问题时可采用下架、召回等方式，避免其对用户造成实质性损失。但在服务行业，服务的自然属性使其没有办法在交付之前检查质量，同时，低质的服务经历也是不可替换、不可召回的，因此对于负面的口碑传播，我们也要研究其信息流机制以及如何掌控这样的信息流。

试想，在服务体验过程中遭遇了不好的服务后，消费者是如何产生了将这种不好的体验分享出去的动机，以及会选择什么渠道？从动机的要素来看，在体验到不好的服务之后，消费者首先会期望商家进行服务补救，在服务补救没有得到满足或补救结果不够理想的情况下，消费者才有可能产生将失败的服务体验传播出去的想法。

因此，服务提供者在应对失败服务时，一方面，要构建好系统的服务补救方案或补救体系；另一方面，应该用类似于无条件服务承诺等方式，引导顾客向商家反馈问题，而不是将失败的服务体验沿着它的线上或线下的服务网络或社交网络传播开去。

在物联网大数据时代，对于负向口碑的控制既有机遇也有挑战。机遇在于通过更多的信息化方式采集用户在服务过程中的关键环节数据、用户状态数据甚至是用户情感数据，服务提供者将有机会更加精准地了解用户在服务过程中的体验和反应，从而从总体控制的角度获得对服务过程进行干预的可能性。

当然，从挑战的角度来看，由于社交网络的发展和媒体去中心化的趋势，微传播将会以更快的速度及更形象的方式（如图片视频），让一种看上去无可辩驳的服务失败的场景，甚至是片面夸大化的服务场景迅速传播出去，从而引发广泛的受众情绪。

因此，回到服务提供者的视角，首先，沿着时间维度或服务系统全生命周期的维度，服务提供者可以在设计环节更为清晰地定义服务标准以保证服务传递的一致性，通过服务包的质量合成或者服务差距模型等方法在设计端提高服务质量，降低出现差错的可能；其次，在服务运行的过程当中，通过更加精准的过程数据的采集和分析来加强过程控制；最后，在出现负面事件的时候，采用系统的服务补救方法对顾客进行心理的移情道歉及有形的价值修复等。

如果我们把服务用户抽象为一张社交网络，并且进行适当的简化，那么一类用户是我们已经拥有的用户，另一类用户是还没有使用过我们服务的用户，二者共同构成一张庞大的社交网络，我们不妨把正向的口碑传播和负面的口碑传播都想象为在这张网络上传递的一种信息流。

而我们刚才讨论的服务设计及服务管理过程中的方法，都在企图调控在这张网络上传递的口碑信息流的流向、流速及其对各个节点的影响。这种网络的概念以及未来对于这样一张网络的可视化呈现，对于服务的设计和管理者也意义重大，它有利于在服务提供者的组织内部形成一幅清晰的图景，帮助我们发现内部的问题和风险点，也有助于激励优秀员工或激发优秀的表现。

“新服务”拉动“新基建”

当前，“新基建”成为国家重点投入的战略方向，从中央到地方都如火如荼地开展了起来，为明天的美好生活打牢今天的基础。从“新基建”的范围看，以 5G、工业互联网、人工智能等为代表的信息基础设施，以智能交通、智慧能源为主的融合基础设施，以重大科技基础设施、科教基础设施、产业技术创新基础设施为主的创新基础设施，三大方向涵盖了国计民生的方方面面。从系统视角看，“新基建”不仅创造性地更新了“基础设施”这个非常“基础”的概念，更为未来社会、未来经济打开了前所未有的设计空间，是一次对“美好生活”的全面提速。

在这样事关千秋大计的顶层战略中，如何更好地把握“新基建”的建设方向和建设标准，采用什么样的创新的顶层思维去辅助甚至牵引，成为至关重要的问题。

“谋定而后动”历来是中国文化中系统思维的精髓。依何而“谋”，不妨回到本书的原点，向“服务主导逻辑”借鉴，用“新服务”作为源头牵引，以“满足人民群众对美好生活的向往”为顶层需求去思考“新基建”，打破单一技术方向线性推进的条线逻辑，从服务的 4 种视角出发，以体系化、场景化的形态构建一个“新基建”的设计空间，或许是一种有理、有利、有机、有序的路线。

沿着这样的顶层思维，借用 SERVINO 方法中的质量功能展开工具，一个可以被理解为“中台”或者“中间件”的“关系矩阵”将成为核心环节，换言之，人们什么样的需要会对哪些新基础设施提出什么样的要求，此为矩阵一；继而要考察什么样的新技术（纳入 SERVINO 方法中的使能技术库）会满足或支撑这样的要求，此为矩阵二。有了这样两个“关系矩阵”，我们就很可能把人们的本质需要与“新基建”的建设目标有效关联起来了。此时，我们可以预见，“既没有始终‘千呼万唤’的长期‘痛点’，又没有甫一出场就‘门可罗雀’的基础设施”。

举例来说，5G 的低时延特征应该是让那些由于传统通信基础设施的高时延而导致无法满足的需求得以激活。例如，解放军总医院的医生已经可以在海南用 5G 技术操控手术机器人给远在北京的帕金森病患者进行品驰脑起搏器的植入手术。从医疗服务的视角，我们可以理解为，这类手术需要实时对手术设备进行精准操控，因此要想采用通信基础设施支持远程医疗，就要求通信系统“实时性要足够好”，“实时性要足够好”则得到了 5G “低时延”特征的支撑，此时，5G 作为“新基建”的重要技术方向服务于远程医疗的前沿需求。类似的，如果面向下一代的远程手术，需要用人工智能实时监控患者术前和术中的生命体征从而进行风险预测，甚至用机器人进行智能陪护，则又可能是由其他手术需要导出的“新基建”需求了，这些需求又将引领未来的医疗、通信技术创新的发展方向。

从这样的例子可以看出，在类似的场景下，如何将医学的前沿需求与工科的技术进步进行跨学科的交叉融合，是构建“中间件”并将“新基建”的强大潜力转化成未来医疗服务可靠能力的关键问题。因此，“新基建”的“中间件”及其支撑的体系必须依靠有力的、有组织的跨学科交叉融合创新才可以实现。例如，清华大学最新成立的医工交叉研究院就为跨越医科和工科十几个院系的数百位教师搭建了“产学研用”的协同创新平台，大量最新的技术正在从实验室走向临床，形成产业，力争为“新基建”中“创新基础设施”的建设和推广贡献力量。

因此，在SERVINO方法中描述的服务系统的矛盾矩阵，将有望对“新基建”的设计提供重要指引，换言之，那些能够最大限度通过使能技术的革新而带来新的服务模式的“基建”创新，将最终让我们在“新基建”方向的投入转化为人民群众生产生活方面的有效获得。

现在，假设我们能够研究并建设好这样的“中间件”，那么，真正的源头，也就是对“美好生活”的需求究竟从哪儿得到？答案就在于本章期望开启的我们对未来生活乃至未来社会的创想。

正如迪士尼乐园的设计，要从“编剧”和“创想师”开始，要把故事写出来，然后才是艺术设计人员、工程设计与实施人员次第实现的过程。关于“新基建”，应该有一批面向美好生活的“创想师”“城市设计师”“工业系统设计师”，在这本书提出的服务系统进化法则等思维方法的辅助下，对于未来生活（更大层面上是对未来经济、未来社会）进行创见性甚至可以是颠覆式的构想，然后把由这些“未来场景”导出的需求空间定义清晰，继而通过SERVINO中的使能技术库和关系矩阵，把“新基建”的设计空间初步确定下来，后面的技术研发和工程实现就会让“新基建”的构想水到渠成，并且通过合理有效的迭代使之历久弥新。

后记

面向新服务时代，短短 11 个章节，难免挂一漏万。是目睹新时代风起云涌之大变革而激发的使命，是这些年来在大师肩上一窥服务创新妙处的兴奋，亦是见证身边匠心独运的服务创新者的感动，让我坚定信念写成此书。

且不说服务业的千姿百态带来的“乱花渐欲迷人眼”，即使单说一家小店也有“横看成岭侧成峰”之难。我们但求能在纷繁复杂中梳理出些许脉络，探讨些或能经受时间检验的原理。倘若大家对服务管理理论有些意犹未尽，又或者意欲寻求直接上手的招数，不妨关注我即将推出的线上课程。

本书的酝酿和准备，离不开多年讲台上的迭代。感谢科技部创新方法专项对服务创新方法研究的支持；感谢引领和指导我在工业工程学科中拓展服务创新研究方向的清华大学副校长郑力教授；感谢在服务创新研究和教学工作中与我并肩前行并给我莫大帮助的赵磊、王琛、于明、严京滨、马靓、贾珈等老师；感谢清华大学工业工程系的领导和老师给我的关心和支持；感谢多年来听过我的课程和讲座的同学与朋友给予我的热情反馈与建议；感谢与我一起探索服务奥秘的清华大学工业工程系服务创新实验室的我的学生，其中，特别感谢辛苦参与素材与文字整理的崔峰铭、石婧、沈青、王丕东、王美慧、彭英姿、倪诗影、代睿、赵林、李玉珊、王日东等同学；感谢中信出版社邵玥编辑、评审专家和整个出版团队专业的修订和辛苦的付出。

最后，我希望把这本书献给我一生勤劳、智慧、善良、宽厚的祖父、祖母，感谢一直用爱和信任引领我和鼓励着我的父亲、母亲，感谢悉心陪伴、亲手帮我整理文字的我的爱人，感谢让我自豪、给我精神动力的我的儿子。

愿《新服务时代》成为您探求创新之路、生活之美的路边小灯，或有些许檀香，或有流水潺潺，不妨登高远望，用服务书写美好未来。

阅读新世界
扫码得好礼

ISBN 978-7-5217-2023-5

9 787521 720235 >

定价：59.00元